Une Lumière dans les ténèbres

Swamini Krishnamrita Prana

Mata Amritanandamayi Center
San Ramon, Californie, États-Unis

Une Lumière dans les ténèbres
par Swamini Krishnamrita Prana

Publié par :
  Mata Amritanandamayi Center
  P.O. Box 613
  San Ramon, CA 94583
  États-Unis
  www.amma.org

Copyright © 2019 Mata Amritanandamayi Center,
P.O. Box 613, San Ramon, CA 94583, États-Unis

Tous droits réservés. Aucune partie de cette publication ne peut être enregistrée dans une banque de données, transmise ou reproduite de quelque manière que ce soit sans l'accord préalable et la permission expressément écrite de l'auteur.

Première édition : avril 2019

En France :
  www.etw-france.org

En Inde :
  www.amritapuri.org
  inform@amritapuri.org

Table des matières

Introduction		7
1.	Apprendre à servir	13
2.	Devenir une star	21
3.	Une lettre d'amour	29
4.	Apprendre à sourire	35
5.	Décider de servir	43
6.	Jamais seule	51
7.	Tu as bien fait	63
8.	Trouver l'amour	71
9.	Devenir Arjuna	79
10.	Dépasser la violence	87
11.	Le désespoir d'un cœur brisé	97
12.	Guérison d'un traumatisme	107
13.	Trouver Durga à l'intérieur	115
14.	Choisir la vie	125
15.	Choisir la lumière	135
16.	Le véritable yoga	141
17.	La boîte à vasanas	153
18.	Trouver la paix	163

Donne-moi tes mains vides.
Montre-moi toutes les cicatrices que tu caches.
Et si tes ailes sont brisées
Je t'en prie, prends les miennes, ainsi les
tiennes s'ouvriront à nouveau.
Je serai à tes côtés.

Les larmes de tes yeux forment des kaléidoscopes,
Je sais que tu souffres, et je souffre aussi.
Mon cœur, si tes ailes sont brisées
Prends les miennes, ainsi les tiennes
s'ouvriront à nouveau.
Je serai à tes côtés.

Tu es ce dont j'ai toujours eu besoin, je le sais.
Le cœur est parfois douloureux lorsqu'il bat.
Et si tes ailes sont brisées
Nous pouvons aussi braver ces émotions
Parce que je serai à tes côtés.

Je suppose que tu crois en la vérité,
Je pense que la foi, c'est aider sans raison.
Je serai tes yeux quand les tiens ne luiront plus,
Je serai tes bras quand tu ne pourras plus te lever,
Je serai toujours à tes côtés...

Même lorsque nous nous effondrons, il est possible de traverser les épreuves.
Si nous ne trouvons pas le paradis, je traverserai l'enfer à tes côtés.
Mon cœur, tu n'es pas seul : je serai à tes côtés.

D'après la chanson Stand by You, de Rachel Platten.

Introduction

*On ne peut dissiper les ténèbres
qu'en apportant la lumière*

– Amma

Dans le monde actuel, il est courant de se sentir perdu. On se débat sans trouver d'amour véritable ou de guide authentique. Bien trop souvent, le mensonge est présenté comme la vérité et nous sommes facilement détournés de notre chemin dharmique (droit et juste). Il est difficile d'élever des enfants en leur enseignant les valeurs et les principes spirituels alors que le monde nous bombarde de tant d'exemples contraires.

Au milieu de toutes ces ténèbres, nous avons besoin d'une lumière qui illumine notre chemin et nous indique comment mettre fin à la souffrance. Cette lumière, c'est Amma. Elle nous nourrit de l'amour absolu d'une mère, tout en nous disciplinant grâce à ses sages conseils de maître spirituel.

Sa vie a ajouté une dimension toute nouvelle et un sens plus profond au mot « Amma » (mère). Elle en a fait un des mots les plus riches et les plus doux qui soient, et il résonne dans le monde entier. Amma nous aime profondément et de façon inconditionnelle. Elle nous accepte tels que nous sommes, avec toutes nos faiblesses et avec notre honte. Telle une douce brise, elle nous revigore dans le désert aride de la vie dans le monde et apporte le réconfort à nos vies solitaires. Amma est l'essence de tout ce qui est beau, réconfortant et précieux.

Il est impossible de comprendre pleinement la splendeur d'Amma ; au final, notre mental ne peut saisir sa véritable nature. Mais il est aisé de constater son plus grand miracle : sa capacité à transformer nos cœurs. Elle transforme des personnes ordinaires, tournées vers les plaisirs du monde, en êtres prêts à donner leur vie pour servir les autres. Elle a agi ainsi avec des milliers de personnes, issues de tous les horizons.

Le processus de transformation est lent, il exige une patience infinie et pourtant, un jour, chacun de nous verra son cœur s'épanouir. Une dévote m'a récemment rappelé cela en me racontant une histoire étonnante. Cela s'est passé il y a quelques années lorsqu'Amma lui a rendu visite chez elle, à la fin du tour d'Australie.

Introduction

Elle avait un vieux cactus (dans un pot ébréché) posé près de la porte d'entrée. Il n'avait jamais fleuri ni changé durant les nombreuses années qu'il avait passées là. La famille avait oublié jusqu'à son existence, mais alors qu'Amma s'apprêtait à entrer dans la maison, elle s'est baissée et a caressé le cactus avec respect et beaucoup de douceur.

La maîtresse de maison a eu un peu honte. Elle était gênée de ne pas l'avoir caché et mis à sa place une plante plus majestueuse, mais dans l'euphorie de la visite d'Amma, elle avait oublié de le déplacer.

Amma a béni leur maison, puis toute la famille l'a suivie à l'aéroport. A leur retour, quelques heures plus tard, après les au-revoir, ils ont eu un choc et furent émerveillés par le miracle : le pied de cactus très ordinaire, dans son pot ébréché, avait revêtu un aspect glorieux. Il portait à présent une majestueuse couronne de fleurs de cactus. Rougissant de son nouvel état de consécration, il avait fleuri.

La famille fut complètement stupéfaite en voyant le vieux cactus miraculeusement transformé par le simple toucher d'Amma. Dès le lendemain, on lui donna fièrement un pot tout neuf, et il reçut une place d'honneur dans un lieu ensoleillé, près de l'autel familial.

Nous ressemblons souvent à ce vieux cactus plein de piquants. Il nous arrive de demeurer dans un état d'irritabilité et d'aggressivité pendant de longues périodes, au cours desquelles nous stagnons et ne progressons pas… Malgré les nombreuses bénédictions que nous recevons, nous refusons avec obstination de changer (parfois, les vieux cactus ont plus de lâcher-prise que nous). Heureusement, Amma ne nous abandonne jamais. Des miracles de croissance et de transformation ont lieu partout où elle se rend.

Ce livre contient les histoires de dix-huit personnes, dix-huit vies qu'Amma a transformées, dix-huit cœurs dont elle s'est occupée l'un après l'autre. Chaque histoire est unique, et chacune d'entre elles est un témoignage de la véritable gloire d'Amma, de la manière dont elle sort chacun de la souffrance pour l'amener dans la lumière.

Tout le monde ne sort pas de ténèbres aussi profondes que certaines personnes dont on raconte ici l'histoire, mais nul doute qu'il existe de tels cas. Grâce à Amma, il y a à présent des milliers d'histoires de guérison et de transformation dans le monde entier. Pour le moment, contentons-nous de dix-huit d'entre elles.

Introduction

Amma enseigne chaque jour sans exception l'oubli de soi ; elle nous apprend à penser à ce que nous pouvons donner aux autres au lieu de nous lamenter sur notre sort. Lentement, avec une patience illimitée et un amour infini, Amma nous montre à travers son propre exemple comment s'épanouir et devenir une lumière capable d'éclairer les ténèbres.

Chapitre 1

Apprendre à servir

Vous pouvez ébranler le monde avec douceur.

– Mahatma Gandhi

Lorsque j'avais vingt ans, je suis tombée amoureuse de Dieu. Notre amour ne dura qu'un été, mais ce fut une histoire passionnée, pleine de joie et de lumière. Chaque fois que je chantais, que je priais, j'étais envahie d'un pur ravissement. Le monde entier devenait magnifique, rempli de vie et de couleurs. Dieu était magnifique, omniprésent et rayonnait d'une gloire sans pareille.

A la fin de cet été-là, j'ai quitté ma vie d'occidentale privilégiée pour voyager et visiter certains des pays les plus pauvres du monde.

Je me suis tout d'abord rendue en Afrique. Mes amis et moi avons planté notre tente près du cratère du Ngorogoro, l'endroit le plus époustouflant que j'aie jamais vu. Dans la lumière du soleil couchant, des couleurs dorées se répandaient dans le ciel, dessinant le plus beau portrait de Dieu. Mon cœur dansait d'extase à cette vue. La lune a fait son apparition, le feu s'est éteint et nous nous sommes tous endormis.

Cette nuit-là, notre camping a été violemment attaqué par une hyène enragée. Une femme qui venait de se marier a été mordue. Elle est morte trois semaines plus tard. Peu après cela, une de mes amies chères a été sauvagement violée. Les autorités locales n'ont rien fait.

Mais ces terribles tragédies n'étaient rien en comparaison de la pauvreté. Partout, nous trouvions des enfants sales, affamés, qui mendiaient dans la rue, sans personne pour s'occuper d'eux. Les gens vivaient dans des maisons construites avec des bouts de déchets.

Je faisais pour la première fois l'expérience de la misère du monde et je me sentais complètement trahie par mon Bien-aimé.

Je voyageais de ville en ville et de pays en pays, en quête d'un moyen de guérir mon cœur. A chaque découverte, j'éprouvais une joie éphémère et de l'enthousiasme. Puis, lorsque je me trouvais à nouveau face à la misère, je m'en allais en quête d'une nouvelle aventure.

Durant les six années suivantes, j'ai vécu dans treize villes et dans sept pays différents, et sur quatre continents. J'ai été témoin d'oppression, d'actions terroristes, de guerres civiles et de violence. L'amour devenait un fantasme imaginaire, perdu dans un monde cruel.

Mon cœur s'est refermé, verrouillé à double tour.

De toute évidence, Dieu s'en moquait, alors moi aussi. Lorsque j'entendais les gens prier, je fermais la porte de ma chambre et je pleurais.

L'après-midi qui a précédé ma rencontre avec Amma, je me souviens m'être sentie complètement seule et désespérée. Je m'étais rassurée en me convainquant que l'amour n'était rien de plus que la luxure et que Dieu était malade mental. Le monde était bien trop rempli de douleur.

J'avais passé toute la journée, et la veille aussi, à regarder des rediffusions de films violents et j'attendais de quitter mon travail pour m'installer ailleurs. Je souffrais d'une légère dépression et d'une angoisse terrible.

Amma a tout changé.

Mes amis m'ont fait monter dans la voiture ce soir-là en m'amadouant avec la promesse d'un « très bon chai ». J'étais prête à y aller, mais j'ai été claire : je venais avec eux uniquement pour le chai. J'ai passé tout le trajet à tenter de leur remettre les idées en place. « Cette histoire d'Amma relève du culte de la personnalité », voilà ce que je leur disais. Ils se contentaient de lever les yeux au ciel et me rappelaient la promesse du chai.

Puis elle est arrivée dans la pièce : un petit bout de femme, si belle dans son sari blanc immaculé. La couleur de sa peau était celle de Krishna…Elle m'a touché la main. La main entière… Je m'en souviens encore.

Lorsque je suis allée au darshan ce soir-là, Amma a semé une graine dans mon cœur. Je l'ai senti. Au cours des vingt-quatre heures suivantes, cette graine a germé. Le lendemain, j'attendais désespérément de la revoir.

Je suis retournée au darshan et me suis effondrée en larmes. J'entendais clairement la voix d'Amma dans mon esprit : « Ma fille chérie, ce n'est pas Dieu qui est tordu, c'est ton mental. » Je me suis assise après mon darshan, sanglotant avec hystérie. Dieu était en fait magnifique. J'aspirais à me retrouver à nouveau auprès d'elle.

Amma me regardait et riait. Chaque fois que cela se produisait, je riais avec elle pendant quelques instants. Puis, de violents sanglots revenaient, secouant mon corps entier jusqu'aux entrailles. Je m'affligeais en songeant aux années que j'avais perdues, habitée par la colère et la souffrance. Avant ce darshan, je ne voyais aucune issue, aucun espoir, mais à présent elle me libérait de tout ce passé. Elle me regardait sans cesse, et ses yeux brillaient de joie et de compassion.

Plusieurs années se sont écoulées. Ma vie a été transformée. Chaque fois que je voyais Amma, une couche de souffrance s'évaporait, comme de la fumée. Toutes les couches ont peu à peu disparu.

Je suis allée à l'ashram d'Amma en Inde. Après mon arrivée, je me souviens qu'assise sur le sol, absorbée dans mon seva, j'éclatais spontanément de rire. Je ne pouvais tout simplement pas croire que le paradis existait sur terre, et pourtant voilà que j'y étais, au beau milieu de ce paradis.

Amma prend soin de la souffrance du monde en le servant. Elle a des orphelinats, des écoles et des hôpitaux où les pauvres sont soignés gratuitement. Elle fait construire des maisons pour les sans-abris, nourrit les affamés, accorde des pensions aux veuves, et apporte son soutien aux victimes lors de catastrophes naturelles dans le monde entier…La liste de ses actions humanitaires est très longue. Lorsque j'ai fait face à un monde rempli de souffrance, je me suis abîmée dans un profond désespoir. Quand Amma voit la souffrance, elle la transforme.

Il y a quelques années, alors que nous voyagions dans le Sud de l'Inde, nous nous sommes arrêtés un moment dans un des orphelinats d'Amma. Ces enfants ne possédaient rien, mais grâce à Amma leur avenir est désormais rempli d'espoir. Amma a chanté des bhajans, ils se sont tous levés et se sont mis à danser dans la béatitude.

Ils tendaient leurs petites mains, dans l'espoir de la toucher, de toucher son ventre. Elle leur a tenu les mains, les a regardés profondément dans les yeux et s'est mise à danser avec eux.

Ce que j'ai compris, c'est que les problèmes ne disparaîtront jamais. Nous vivons dans un monde de ténèbres et de souffrance. C'est parfois douloureux, c'est vrai, mais avec la grâce d'Amma et une juste compréhension, nous pouvons choisir de ne pas souffrir.

Quand Amma me prend dans ses bras, la vérité est claire : l'amour est réel. Je l'ignorais. Avant de rencontrer Amma, je n'avais en fait jamais fait l'expérience de l'amour. Elle me montre que, quelles que soient les ténèbres qui recouvrent le monde, le substrat de tout est l'amour, l'amour seul.

Amma me donne la force dont j'ai besoin pour appréhender chaque jour avec joie et gratitude.

Grâce à Amma, chaque jour est un miracle.

Lorsque les journalistes l'interrogent, Amma parle souvent de la souffrance dont elle a été témoin étant enfant. Elle savait qu'elle était venue au monde pour aider l'humanité. Quand Amma nous donne le darshan, elle nous permet d'avoir un aperçu de notre nature profonde : le « Soi », dont nous faisons si rarement l'expérience. Lorsque nous rencontrons Amma, c'est comme si nous n'avions bu jusque-là que du soda sucré pour étancher notre soif ; quand nous entrons en contact avec de l'eau pure, cela rafraîchit notre corps, notre mental et notre âme. Amma est l'eau pure de notre vraie nature : notre nature réelle, belle et inspirante.

On dit qu'à Vrindavan (le lieu de naissance de Sri Krishna), Radha n'a vu Krishna qu'une fois, près de la rivière Yamuna. Mais à partir de ce moment-là, elle l'a toujours aimé. C'est la même chose entre Amma et nous. Même si nous n'avons reçu qu'un seul darshan, elle ne nous oubliera jamais ; elle nous aimera toujours profondément, pour l'éternité.

Chapitre 2

Devenir une star

La beauté que vous aimez, mettez-la dans vos actes.

– Rumi

Dès l'adolescence, j'ai voulu faire du théâtre. Je ne rêvais que romance, lumières, gloire, richesse et renommée. Debout, sur la scène, en face de milliers de personnes, j'aspirais à devenir une star. Je serais une star magnifique, brillant de mille feux, plus étincelante que tout sur cette terre.

Je me souviens de la première fois que je suis allée au théâtre. J'étais électrisée, et j'ai su aussitôt que je voulais y consacrer ma vie.

Quand j'ai atteint la vingtaine, j'ai déménagé en Californie pour poursuivre mon rêve. Je travaillais dans des compagnies de théâtre et pour des équipes de production. J'assistais des directeurs, et je commençais doucement à monter en grade. Les spectacles sur lesquels je travaillais recevaient des prix importants. Les rêves de Broadway et Hollywood brillaient plus que jamais dans mon esprit.

Puis je me suis fait virer et, aussi étonnant que cela puisse paraître, ce fut la plus grande bénédiction de ma vie.

Le théâtre possède un côté sombre, celui que je dénonce à présent, mais je n'avais pas d'autre choix que d'y prendre part, à l'époque. La vie au théâtre est grisante, excitante et addictive, mais c'est aussi les discothèques, l'alcool, la drogue, les bagarres et les amours d'une nuit…

Le stress de ce milieu est inimaginable, et la compétition y est féroce. C'est une quête effrénée et constante du prochain show, du prochain casting, une vie d'auto-promotion permanente. C'est un tourbillon perpétuel de mouvement et d'auditions. Si l'on ne suit pas, on finit sur la touche, oublié. Ces soirées étaient l'occasion de sortir et de faire parler de soi. Tout le monde y participait, il n'y avait pas d'autre choix.

Quand un sans-abri consomme de la drogue, on dit que c'est une tête brûlée. Quand une star de cinéma fait la même chose dans les coulisses d'une boîte de nuit branchée, c'est osé et exotique.

Si je voulais faire des connaissances et fréquenter les gens riches et célèbres, je devais me trouver là où tout se décidait. Ces soirées étaient le seul moyen de ne pas me retrouver en dehors du coup, de continuer à faire partie de ce monde.

Ma routine y était toujours la même. Je m'asseyais dans un coin et buvais lentement une bière. J'exhibais une fausse alliance pour tenir à l'écart les personnes mal intentionnées (hommes et femmes). Lorsqu'une femme saoûle, les épaules dénudées, venait me voir pour me demander mon numéro de téléphone, je lui répondais « Oh non, je suis désolée, mon mari est juste à côté. »

Lorsqu'un type sans scrupule m'invitait dans sa chambre, je lui répondais « Désolé, ma petite amie m'attend à la maison ce soir ».

La réponse était toujours la même : « Mon chou, personne n'en saurait jamais rien… »

Un soir, un homme est venu à ma rencontre. Ses pupilles dilatées par la drogue avaient atteint la taille d'une pièce. Il essayait sans cesse de me toucher. Je l'ai giflé en criant : « Va-t'en, espèce de brute ! »

Je vivais à Sodome et Gomorrhe. A l'opposé du divin ou du spirituel. Toute cette industrie n'était qu'extravagance, gaspillage et luxure. Ce milieu artistique, qui inspirait autrefois les rêves des gens, faisait maintenant commerce d'immoralité.

Pour être honnête, je n'ai jamais voulu participer à tout cela. Mon rêve d'enfant m'avait menée dans un chemin ténébreux mais je voulais encore désespérément monter sur scène ; j'aurais simplement désiré que les choses soient différentes. « Il doit y avoir quelque chose de mieux que cela », telle était ma prière.

Tout au fond de moi, je sentais que quelque chose clochait, en *moi-même* quelque chose n'allait pas.

J'ai été virée et c'est ce qui m'a sauvée. Lorsqu'Amma est venue dans ma ville quelques semaines plus tard, pour la première fois, autant qu'il m'en souvienne, mon agenda était complètement vide. Je suis allée au programme, sans savoir à quoi m'attendre.

J'avais tout ce dont j'avais toujours rêvé : de l'argent, des relations, un potentiel pouvant me mener à la gloire, mais la nuit où j'ai rencontré Amma, tout a changé – *tout*. Mon premier darshan a été plus puissant que les drogues les plus fortes, plus grisant que le plus grand succès. Grâce à cette première étreinte, j'ai compris que j'avais trouvé le « quelque chose de spécial » que je recherchais.

Je ne peux pas dire que les choses ont changé tout d'un coup, je bataillais encore avec moi-même. Je savais que la vie que je menais me laissait vide et malheureuse, mais je n'arrivais pas à me détacher du désir de jouer. Amma a compris le fond de mon cœur et a exaucé mon plus profond désir de la meilleure manière possible.

Ma dernière représentation, une petite pièce de théâtre, a eu lieu lors de la retraite avec Amma à San Ramon. Je n'avais qu'une ligne…Et le plus divin public. Finalement, j'étais une vraie star : remarquée, aimée et adorée à tous niveaux. J'ai senti son amour au plus profond de mon âme. Toute ma vie, je n'avais jamais voulu que le théâtre ; mais à cet instant-là, le désir s'est totalement évanoui. J'étais libre.

Amma m'a extirpée des abysses de la mondanité. J'ai abandonné le théâtre, les fêtes, l'argent et tous ces rêves ternis. Après cette représentation, je n'en avais plus besoin ; le désir s'était évanoui.

Pour moi, la beauté ne revêt plus la forme de la silhouette brillante d'une star de cinéma. Aujourd'hui, je vois la beauté dans les mains d'Amma, ces mains occupées à servir les pauvres et les miséreux, à amener une personne après l'autre dans son étreinte chaleureuse.

Je n'ai plus besoin de devenir une star, seule, brillant dans le ciel. Je suis redescendue sur terre et désormais, tout ce qui m'importe est de servir.

*Amma est venue nous ramener dans notre vraie maison. Cette maison est on ne peut plus proche de nous, mais voilà bien longtemps que nous avons oublié où nous sommes censés vivre, plus particulièrement lorsque nous nous perdons dans les plaisirs mondains et dans des rêves illusoires. Amma est revenue pour nous aider à nous éveiller à la divinité inhérente à chacun, dormant au fond de nous. Elle ne tente pas de nous rendre surhumains, mais **réellement** humains, en nous aidant à réaliser notre potentiel ultime.*

Amma a toujours considéré sa mère comme son guru. Cette dernière était incroyablement stricte, elle ne cessait de relever toutes les erreurs commises par Amma, mais Amma lui en était reconnaissante. Grâce à la discipline inculquée par sa mère, dès le plus jeune âge, Amma a pu acquérir énormément de vigilance.

De la même manière, Amma fait de son mieux pour nous guider et nous protéger, mais si nous ne suivons pas ses enseignements, c'est la vie qui nous donnera des leçons par la manière forte, telle est la nature de la vie. Bien trop souvent, ce sont nos désirs qui nous barrent la route et nous entraînent sur la mauvaise voie.

Amma nous rappelle qu'en réalité l'étincelle divine d'amour pur est très proche de nous. Elle réside à l'intérieur de chacun de nous, à portée de notre main. Elle essaie de nous insuffler le désir d'aller un peu au-delà de nos désirs, pour comprendre le sens plus profond de la vie. Cela ne signifie pas qu'il faille abandonner nos efforts pour atteindre nos buts. Nous pouvons encore travailler pour des buts extérieurs, mais souvenons-nous qu'ils ne représentent qu'une très petite partie de l'existence.

Amma veut nous faire comprendre que le véritable enjeu de la vie est infiniment plus gratifiant que la gloire et la célébrité extérieures.

A un niveau ultime, « Nous sommes amour ». Lorsque nous nous souviendrons de cette vérité, le trésor caché dans notre cœur se révèlera, et nous trouverons ce que nous avons cherché de toute éternité.

Chapitre 3

Une lettre d'amour

Voir le potentiel contenu dans la graine, tel est le génie.

– Lao tseu

Lorsque mon mari et moi avons emménagé à Amritapuri, il y a longtemps de cela, tout était beaucoup plus petit qu'aujourd'hui. Il n'y avait qu'une poignée de départements : pas de recyclage, pas de compost, pas de tris de déchets, et encore moins de fermes. Il n'y avait tout simplement pas d'infrastructures prêtes à accueillir de telles activités.

Un jour, durant le déjeuner, nous sommes rentrés, mon mari et moi, dans une discussion animée avec un ami sur les moyens de faire de l'ashram un lieu plus écologique et propice aux énergies renouvelables.

Inspirés par cette conversation, nous avons décidé d'écrire une lettre à Amma pour lui exprimer nos désirs. Nous avions fait une liste de toutes nos idées : recyclage, compost, jardinage biologique, vente de plantes biologiques, utilisation de panneaux solaires…la liste n'en finissait pas. Nous étions très enthousiastes à l'idée de partager ces idées avec Amma et avions l'espoir qu'elle bénirait certaines d'entre elles.

Nous avons demandé à une résidente indienne de nous aider à traduire cette lettre en malayalam. A la lecture de celle-ci, son humeur s'est vite assombrie. Il était évident qu'elle était contrariée par ce qu'elle lisait, ce qui nous a plongés dans une profonde confusion. Lorsqu'elle a eu fini la lecture, elle nous a dit avec colère qu'elle ne traduirait EN AUCUN CAS cette lettre destinée à Amma, et que ce n'était pas notre rôle de dire au guru ce qu'il devait faire. Elle nous a passé un bon savon et s'en est allée, très irritée.

Notre but, en écrivant cette lettre, n'était pas d'émettre une critique et nous n'avions absolument pas l'intention de dire à Amma ce qu'elle devait faire. Nous voulions simplement lui demander si elle pensait que l'une ou l'autre de ces idées pourrait être utile à l'ashram, et si tel était le cas, lesquelles étaient les plus importantes.

Nous étions tellement choqués et attristés par cette réaction que nous avons décidé de ne pas donner la lettre à Amma. Nous ne voulions pas être irrespectueux et, en dépit de nos meilleures intentions, cette lettre semblait insultante. Découragée, j'ai posé la lettre près d'une image représentant la déesse Lakshmi sur mon autel.

Plusieurs mois plus tard, lors d'un tour d'Europe, j'étais assise en méditation auprès d'Amma. Lorsque j'ai ouvert les yeux, elle m'a regardée, m'a souri et m'a fait signe de m'asseoir à côté d'elle. Elle me parlait en malayalam et la femme qui se tenait à ses côtés s'est chargée de me faire la traduction « Amma dit qu'elle a beaucoup aimé la lettre que tu lui as donnée. »

J'en fus complètement abasourdie. Durant ce tour, je n'avais pas donné de lettre à Amma. En fait, de toute l'année, je ne lui avais donné aucune lettre. « Amma » ai-je répondu sincèrement, « je ne t'ai pas donné de lettre. » Mais Amma insistait : je lui *avais* donné une lettre. A la fin, je me suis souvenue de cette lettre que nous avions écrite, mon ami, mon époux et moi concernant nos idées pour l'ashram. Elle était encore exactement à l'endroit où je l'avais laissée : sous l'image de Lakshmi sur mon autel.

J'ai demandé à Amma si elle parlait de cette lettre précisément. Elle m'a répondu par un « oui » plein d'enthousiasme. Ensuite, elle a évoqué chacun des points que nous avions suggérés, en détails. Elle a ajouté qu'elle aimait toutes nos idées et se réjouissait de savoir que nous voulions vivre en harmonie avec Mère Nature.

Je suis sortie de cette conversation remplie d'admiration sacrée et de béatitude. Comment Amma pouvait-elle connaître les détails d'une lettre qu'elle n'avait jamais vue ?

Les années passant, chacune de nos suggestions est devenue réalité. L'ashram est passé d'un feu pour brûler les déchets à un vaste département de tri sélectif : en somme, nous recyclons tout. Il y a un département dédié au compost, qui permet la fertilisation de plusieurs fermes autour de l'ashram. Nous avons même une clinique de Bien-être dans laquelle nous vendons des plantes biologiques, dont beaucoup sont cultivées à l'ashram. Des panneaux solaires couvrent le toit du hall de bhajans et des légumes biologiques poussent dans tous les coins et recoins de l'ashram.

Le plus exaltant est sans doute le fait que nos initiatives et activités écologiques sont à présent adoptées, même en dehors de l'ashram, pour aider le monde entier. Le programme d'Amma Amrita Serve enseigne les méthodes de culture biologique dans les villages adoptés, situés un peu partout en Inde. Le département de tri des déchets donne des cours de recyclage, organise la campagne ABC (Amala Bharatam) au cours de laquelle des journées entières sont consacrées au ramassage des déchets dans toute l'Inde, et au nettoyage des lieux saints ainsi que des rivières (y compris le Gange sacré).

A l'extérieur de l'Inde, beaucoup d'ashrams d'Amma en Europe, aux Etats-Unis et au Canada ont des jardins biologiques ainsi que des vergers, construisent des fermes dédiées à la permaculture, utilisent des techniques d'économie de l'eau, possèdent des abeilles et donnent des cours sur l'agriculture durable.

Non seulement Amma a compris nos cœurs, mais sa grâce a mis en route bien plus de projets et d'initiatives que nous aurions jamais pu imaginer !

Depuis cette expérience incroyable, j'écris souvent des lettres à Amma et les laisse aux pieds de sa photo sur mon autel. Même lorsque j'écris la lettre, je sais qu'elle en connaît le contenu.

Lorsque j'ouvre mon cœur à Amma, chaque fois, sans exception, une réponse parfaitement claire arrive.

Parfois, c'est un problème qui se trouve résolu. Parfois, c'est un ami qui me dit ce que j'ai besoin d'entendre.

Quelle que soit la situation, dès que nous nous adressons à Amma, elle nous donne toujours une réponse débordante d'amour et de grâce.

Un enfant qui se développe dans le ventre de sa mère est nourri par l'énergie et les nutriments qui coulent dans le cordon ombilical. Et nous, nous pouvons ressentir la grâce et le lien avec Amma. Si nous sommes sincères envers Amma, ne serait-ce qu'une seconde, cela lui permet de réveiller le pouvoir divin qui dort à l'intérieur de nous.

La distance n'est pas un problème quand on aime. Où que nous soyons dans le monde, il suffit simplement d'ouvrir son cœur pour sentir un lien très fort et la transmission de sa sagesse, de ses conseils et de sa grâce. Tel est le pouvoir de l'amour innocent et désintéressé.

Chapitre 4

Apprendre à sourire

Le cœur est un instrument à mille cordes,
qui ne peut être accordé que par l'Amour.

– Hafiz

Mes parents et moi étions des immigrés, et nous vivions dans un pays qui n'appréciait pas du tout les différences. Ma famille était différente, parlait une autre langue, ne mangeait pas la même nourriture, et avait des coutumes et des rituels différents. Inutile d'en dire plus : tout au long de mon enfance et de mon adolescence, je ne me suis jamais sentie la bienvenue.

Quand j'étais bébé, nous vivions sur une petite île. Il n'y avait pas de routes, seulement des ferries. Il n'y avait qu'une seule école sur l'île, et chaque année, à l'époque des moissons, l'école fermait afin que les enfants puissent aider leurs parents à faire les récoltes. Les habitants vivaient ainsi depuis des siècles.

Lorsque j'ai atteint l'âge d'aller à l'école, mes parents ont décidé de me mettre à l'école toute l'année, donc ils m'ont envoyée sur une autre île. Toute mon enfance s'est passée ainsi : je vivais sur une île, et j'allais à l'école dans une autre. Ce qui aggravait la situation, c'est que nous changions chaque année de maison et de ville.

J'étais seule et terriblement triste. Chaque fois que je tissais une amitié, il était temps de partir à nouveau. Il est devenu plus facile d'arrêter de me faire des amis. La seule chose que les voisins, les professeurs et les autres enfants remarquaient à mon sujet, c'était que je ne souriais jamais.

Cet état de profonde tristesse ne m'a pas quittée quand j'ai grandi. Je souffrais d'une profonde dépression, qui n'avait pas été officiellement diagnostiquée. Personne ne comprenait ce qui n'allait pas chez moi.

Lorsque j'ai atteint l'âge adulte, j'ai décidé de faire quelque chose pour remédier à ma tristesse débordante. Je savais que j'avais un problème et je voulais guérir.

J'ai essayé toutes sortes de remèdes : j'ai changé souvent de travail et de maison. Je me suis mise au Chi Qong, j'ai testé différents types de régimes et consulté un grand nombre de médecins, qui m'ont tous dit que j'étais en parfaite santé. J'ai participé à des ateliers de bien-être et j'ai tenté de travailler avec des thérapeutes et des travailleurs sociaux. J'ai fait des recherches au sujet de ma famille et j'ai essayé de mieux comprendre mes parents ; je me suis aussi impliquée dans des actions politiques pour essayer de rendre le monde meilleur.

Rien n'a fonctionné.

Finalement, je me suis tournée vers la religion. J'ai frappé à la porte de chacun des monastères de mon village : il y en avait onze. J'ai sonné chacune des cloches, en demandant un hébergement. Les onze portes m'ont été violemment claquées à la figure. Chaque fois on me répondait « Il n'y a pas de place pour toi ici ; trouve-toi une chambre dans le village. »

Dans un des monastères, le moine responsable du lieu m'a autorisée à rester une nuit. Lorsqu'il m'a appris que j'étais la bienvenue, j'ai éclaté en sanglots.

A court de solutions, j'ai réservé un billet d'avion pour l'Inde. Je ne savais pas en quoi consistait la spiritualité. Tout ce que je savais, c'est que j'avais été mise dehors onze fois. Mais lorsque j'ai rencontré Amma, tout a changé. Elle m'a accueillie à bras ouverts. Bien que je ne lui aie rien offert, elle m'a donné une maison.

A présent, elle a commencé à travailler sur moi. Elle m'enseigne et me donne la compréhension. Avant de la rencontrer, j'étais plongée dans une grande confusion. J'étais très faible. Je voulais aller mieux, mais je n'arrivais absolument pas à changer.

Elle m'a appris que s'accrocher à sa souffrance revient à s'accrocher à une épine en criant désespérément que cela fait mal. C'est nous qui ne sommes pas prêts à abandonner notre souffrance. C'est ainsi que j'étais - telle était ma vie.

Je suis à présent convaincue qu'Amma souhaite réellement que j'abandonne toutes mes souffrances, même s'il m'arrive encore d'y plonger profondément. Elle veut que je sois quelqu'un de bon et d'heureux et que je change, bien plus que je le souhaite moi-même. Elle répand sur moi plus d'amour que je n'en ai jamais connu, et m'aime encore plus que je ne m'aime moi-même. Lentement et patiemment, elle m'aide à me transformer. Grâce à Amma, je suis capable de sourire. D'aussi loin que je me souvienne, c'est la première fois.

Apprendre à sourire

Nous passons beaucoup de notre temps dans l'agitation et la douleur, inquiets quant au futur ou regrettant le passé. Nous cherchons le bonheur à l'extérieur, en pensant : « Si je pouvais trouver ce bijou insaisissable, tout irait bien ». Mais, d'une façon ou d'une autre, ce joyau semble toujours hors de notre portée…

Il est très difficile de changer notre état d'esprit, car cela requiert de vivre pleinement dans l'instant présent. Presque personne ne vit dans l'instant présent (aussi simple que cela puisse paraître, il est très difficile d'y parvenir) mais ne devrions-nous pas au moins essayer ?

Lorsque nous serons capables de demeurer dans le présent, nous découvrirons la gloire de la création partout, même dans les lieux les plus insignifiants. Cela peut se trouver ici-même, juste devant nous, et c'est exactement ce à quoi nous nous attendons le moins.

Regardez la merveille de l'œuf, ou de la graine. La perfection d'une pomme…Lorsque nous observerons la vie avec des yeux dénués de jugement et ancrés dans le moment présent, alors le bonheur que nous cherchons en permanence jaillira de l'intérieur de nous.

A l'aéroport récemment, quelques-uns d'entre nous ont accompagné Amma dans le salon d'attente alors que nous attendions notre vol. Après m'être assurée qu'Amma était confortablement installée, je suis retournée chercher mon sac, que j'avais confié à un dévot. Sur le chemin, j'ai vu une dévote qui attendait Amma dans la zone d'embarquement. Je lui ai conseillé de ne pas se donner la peine d'attendre puisque Amma ne repasserait pas par là. Nous allions embarquer directement depuis le salon d'attente. Après avoir discuté un peu avec elle, j'ai récupéré mon sac et je suis retournée m'asseoir avec Amma.

Soudain, Amma s'est levée et a dit qu'elle voulait retourner avec les autres dans la salle d'embarquement. J'ai légèrement protesté, lui expliquant que nous pouvions embarquer directement. A seulement cinquante mètres se trouvait une sortie qui donnait directement sur l'avion. Je ne voulais pas qu'Amma monte et descende les marches inutilement. Mais elle a insisté : « Non. Je veux passer un moment avec mes enfants. »

J'ai mis un peu de temps à rassembler tous nos sacs, et donc Amma a rejoint le groupe seule. La dévote avec qui j'avais parlé précédemment était debout, seule, dans le couloir. A sa grande surprise, Amma est arrivée et l'a saluée.

Lorsque je suis passée, deux minutes plus tard, la dévote m'a regardée, comme en extase, en prononçant des syllabes incompréhensibles. Je voulais écouter, mais je devais me dépêcher de rattraper Amma.

Quelques jours plus tard, cette femme m'a envoyé un mail qui m'expliquait pourquoi elle n'avait pas pu prononcer de phrase cohérente lorsque je l'avais vue à l'aéroport. Voici ce qu'elle m'a écrit :

« WAOUH, WAOUH, WAOUH ! – Quelle grâce. Je me suis trouvée seule avec Amma pendant quelques instants. Elle m'a saluée, m'a regardée et m'a touché la main. J'étais au paradis ; c'était comme un rêve béatifique ! Quelle chance d'être seule avec Amma et de voyager ensuite dans le même avion ! Je suis encore en extase ! »

Lorsque nous découvrons la spiritualité, elle devient le plus grand trésor dans notre existence. Quand nous regardons le monde avec un regard rempli d'amour, de petites choses telle qu'un simple contact et quelques mots peuvent faire fondre nos cœurs. Le fait d'être en présence physique d'Amma nous apporte une joie et une béatitude inimaginables. Mais Amma veut que nous fassions des efforts pour atteindre le bonheur éternel qui se trouve à l'intérieur de nous : la capacité d'être avec elle tout le temps, dans notre cœur.

Si nous faisons l'effort d'essayer de voir le Divin en chacun et partout, peu importe où les circonstances de la vie nous amènent, nous trouverons la paix et la béatitude.

Chapitre 5

Décider de servir

On peut allumer des milliers de bougies à partir d'une seule.

– Bouddha

Ma vie a toujours été chaotique. Je savais que je voulais aider les autres, mais j'ignorais de quelle manière. C'était un désir vague, un peu confus et enfoui, mais toujours présent.

J'ai commencé ma carrière comme professeur de théâtre, ce qui dura quelques années. Puis je me suis dirigée vers les bateaux de pêche et j'ai passé dix ans de ma vie en Méditerranée à plonger jour et nuit profondément dans la mer. Après cela, je me suis lancée dans la sculpture. Trois ans plus tard, j'ai décidé de vendre mon studio ; il était temps de bouger. A ce moment-là, j'avais deux options : je pouvais acheter une voiture ou passer une année en Inde avec Amma. J'ai choisi l'Inde.

Mon séjour chez Amma a été extraordinairement beau. Elle m'a ouvert les yeux. J'avais enfin l'occasion de servir pour de bon, ce que j'avais toujours vraiment désiré. Je savais qu'il me faudrait un jour ou l'autre rentrer chez moi, et un mois avant mon départ, j'ai posé une question à Amma. Au fond de mon cœur, je ressentais un profond désir de travailler avec des jeunes, mais j'ignorais encore ce que je pouvais faire pour eux. Tout ce que je savais, c'est que je voulais aider d'une manière ou une autre.

Je suis montée sur l'estrade avec ma question :

« Chère Mère, je souhaite te servir pour toujours, mais je ne sais pas exactement comment pour le moment. Je t'aime. »

La traductrice m'a regardée en haussant les sourcils : « Es-tu sûre de vouloir poser cette question ? Veux-tu servir Amma *pour toujours* ? »

J'ai acquiescé.

« Comment souhaites-tu servir ? » m'a-t-elle demandé.

Alors, face à Amma, un projet a pris naissance dans mon esprit. Il est né à ce moment-là. L'idée est arrivée parfaitement formée.

J'allais créer une maison pour les jeunes femmes qui n'ont nulle part où aller, pour les prostituées, pour les femmes qui ont vécu des agressions sexuelles. Ce serait une maison pour les personnes exclues de la société, pour les enfants rejetés du système et dont personne ne veut. Ce serait un centre de réinsertion et un foyer.

Nous aurions une pièce dédiée à la méditation ; nous cultiverions nos propres légumes biologiques et les cuisinerions nous-mêmes. Il y aurait des ateliers, des activités sportives et des cours de yoga. Les femmes auraient des thérapies personnalisées et des tuteurs. Ce serait un lieu sûr, un endroit où aucun souteneur ne pourrait les retrouver, un endroit où elles seraient préservées des drogues et des agressions. Ce serait un lieu de bonheur, propice à la transformation et à la guérison.

Lorsque mon idée a été traduite à Amma, elle est partie dans une explosion de joie et de rire. La joie exprimée par Amma à cet instant ne cesse de me nourrir depuis.

Chaque fois que j'ai rencontré une difficulté ou des obstacles, je me suis souvenue de son rire. Amma m'a dit alors qu'elle avait entendu chacune de mes prières, que ce projet venait d'elle, et que c'était exactement ce qu'elle voulait créer en France.

Lorsque je lui ai demandé comment nommer ce projet, Amma a marqué une pause, comme pour regarder dans le futur, et a déclaré que le nom viendrait spontanément quand je trouverais la maison.

Il était clair à mes yeux qu'elle pouvait visualiser le lieu dans son esprit, et qu'elle voyait la réalisation de mon rêve. Ce sentiment allait grandement m'aider au cours des mois difficiles qui allaient suivre.

Lorsque je suis rentrée en France, j'ai immédiatement commencé à travailler sur le projet. J'ai créé un site internet et commencé à lever des fonds. Puis sont venues les démarches administratives et avec elles, les montagnes de paperasse et de règlements.

Je n'avais plus d'argent, mais au lieu de trouver un travail et de me focaliser sur mes seuls besoins (comme je l'aurais fait par le passé), j'ai décidé de continuer à travailler à plein temps sur mon projet. Plutôt que de louer un appartement, je vivais chez les uns et les autres, dormant sur un canapé pendant quelques nuits puis sur un autre. Lorsque le manque d'argent est devenu insoutenable, j'ai trouvé un contrat à durée déterminée pour me maintenir à flot. Je sentais la présence d'Amma à chaque instant. Elle était là en permanence.

Chaque fois que j'avais un coup de téléphone important à passer, je sentais Amma à mes côtés. Sa grâce me suivait dans chacune des étapes.

Lors de mon darshan suivant, je lui ai donné un petit arbre, en guise d'offrande. J'avais très envie qu'elle m'offre un autre arbre en échange, une plante pour la maison. Au lieu de cela, elle m'a donné une pomme. C'était la première fois que cela m'arrivait.

Quand je me suis assise pour méditer après le darshan, je me suis rendu compte qu'elle m'avait précisément donné l'arbre que je désirais. Il y avait exactement un pépin dans cette pomme si spéciale. A mon retour en France, j'ai planté le pépin et j'ai attendu, en l'observant patiemment.

Le travail continuait. J'ai cherché une maison, j'ai rempli avec soin les papiers officiels et j'ai rassemblé une équipe de directeurs. Tout était en règle, et le jour de notre première réunion, la petite graine a germé.

Tout ce que j'ai toujours voulu, toute ma vie, c'est mettre à profit mes talents, mon énergie et ma vie au service des autres. Avant de voyager avec Amma, j'ignorais ce que je pouvais faire, mais Amma m'a ouvert les yeux. Elle m'a inspirée, m'a donné de l'imagination et a rendu mon cœur fort. Je n'aurais jamais pu accomplir tout cela sans son aide. A présent, je peux vivre mon rêve.

Ces femmes ne le savent pas encore, mais elles sont des enfants d'Amma. Amma a béni notre future maison, et j'ai foi en elle. Sans sa grâce, sans sa force, rien de tout cela n'aurait été possible.

Je sais qu'il y aura des moments très difficiles. Nous faisons face à des situations délicates : suicide, violence, consommation excessive de drogues (entre autres). Mais il y aura aussi des moments magiques. Lorsque je vois ce lieu, je vois de la joie. Je vois de la musique, et de la danse. Je vois le rire d'Amma sur les visages de ces femmes, et je sais qu'avec le temps, leurs vies seront transformées.

⚜ ⚜ ⚜

Les jeunes d'aujourd'hui grandissent dans des circonstances difficiles. Les valeurs éthiques ont tellement décliné depuis quelques années que nos enfants en souffrent. Mais Amma nous rappelle, avec beaucoup de douceur, qu'il y a une autre voie.

Amma est une source d'inspiration qui, de graine en graine, de pensée en pensée, d'étreinte en étreinte, transforme le monde d'une façon magnifique. Nous avons tous la capacité de tendre humblement la main à notre Terre Mère et de partager sa joie en plantant quelque chose de beau, qu'il s'agisse d'un pépin de pomme ou d'un foyer d'accueil.

Si nous laissons Amma planter la graine de l'amour désintéressé dans notre cœur, nous récolterons assurément une riche moisson, faite des plus grandes bénédictions et joies que la vie peut offrir.

Chapitre 6

Jamais seule

Le doute est une souffrance trop solitaire pour savoir que la foi est son frère jumeau.

– *Khalil Gibran*

Quand j'étais jeune j'étais chrétienne, Catholique pour être précise. J'étais très pieuse mais j'étais en réaction contre l'Eglise. Je vivais dans une communauté très riche, où les prêtres portaient des bagues et des montres en or ; ils donnaient des sermons pompeux mais il n'était jamais question de distribuer de l'argent aux pauvres ni d'aider les sans-abris.

J'avais dix-sept ans quand l'église a organisé une grande réunion à la paroisse pour discuter des finances et de l'usage des fonds de l'église. Je fus la seule personne à y assister. Le prêtre m'a montré fièrement les plans d'un grand projet de rénovation. La quasi totalité de l'argent allait être employée à l'agrandissement de l'église.

Ils projetaient de doubler la taille de l'église, d'agrandir le parking, d'ajouter une boutique de souvenirs et de rendre le tout plus commercial. Je savais que d'autres églises du voisinage avaient le même projet. Cela me paraissait inutile, une dépense extravagante.

« Qu'en est-il de la charité ? » ai-je demandé. « Ne soutenons-nous donc aucun projet caritatif ? » Même si j'allais régulièrement à l'église, je n'avais pas entendu une seule fois le prêtre parler d'aider les pauvres.

« Il y a un hôpital auquel nous donnons un peu d'argent, » répondit-il d'un air penaud. « Chaque mois, nous apportons une petite contribution, mais nous ne sommes pas les seuls à les soutenir. Cet hôpital est sponsorisé par un grand groupe d'églises. »

J'ai quitté l'Église Catholique.

La seule autre option était de rejoindre une des églises protestantes des environs. Là où j'ai grandi, on n'avait guère le choix : on était soit Chrétien soit athée.

Les églises protestantes étaient beaucoup plus vivantes, avec des guitares et de la musique. Mes amis m'ont emmenée à des concerts de rock chrétien, qui se sont avérés fabuleux. La musique était passionnée, et parfois vraiment spirituelle. Pour la première fois de ma vie j'ai ressenti un lien réel avec un Dieu vivant et dynamique. Pourtant, je n'étais toujours pas satisfaite.

J'ai commencé à parler avec des agnostiques ; ils avaient beaucoup d'arguments très solides. Lorsqu'ils me posaient des questions difficiles sur Dieu, je me trouvais sans réponse. J'étais toujours chrétienne mais de nombreux aspects de ma foi me laissaient dans la confusion. Je voulais me sentir plus proche de Dieu. Je savais que je cherchais quelque chose, mais j'avais le sentiment d'être encore bien loin de l'avoir trouvé.

Mon souhait le plus cher était de me rendre utile au monde d'une manière ou d'une autre. C'était très frustrant, à cette époque, car personne ne comprenait mon désir. Je ne savais pas moi-même pourquoi je voulais cela. Après ma rencontre avec Amma, tout est devenu plus clair.

Quand je suis partie à l'université, pour la première fois, j'ai été libre de penser par moi-même. En même temps, je me sentais seule et j'ai commencé à chercher un partenaire. Je voulais trouver quelqu'un qui aurait la même compréhension que moi de la spiritualité.

La plupart des gens que je rencontrais étaient soit agnostiques soit chrétiens ; il n'y avait presque rien entre les deux. J'ai finalement rencontré quelqu'un : un chrétien de naissance qui (selon moi) avait abandonné sa foi. Il n'avait pas peur d'aller en enfer et ne s'inquiétait pas de la vie après la mort ou de choses de ce genre. Au lieu de cela, il passait son temps à méditer chez lui. J'ai éprouvé un immense désir de le sauver. Après tout, c'est ce que font les chrétiens, sauver les gens.

C'était une tâche difficile. Il avait lu la Bible, de la première à la dernière page. En fait, quelques années auparavant, il avait fait partie de ces gens qui passent leur temps à vouloir convertir les autres. A présent, il passait son temps à méditer chez lui, et de toute évidence il n'était plus chrétien. J'étais complètement déconcertée par cet homme ; je n'y comprenais rien. Il me semblait que quelque chose ne tournait pas rond chez lui. Mais en vérité, c'était moi qui avais besoin d'aide, pas lui.

Nous avons passé d'excellents moments ensemble pendant quelques mois. Il n'a jamais essayé de me sauver. Cela lui était égal. Il se souciait seulement de moi. Nous parlions énormément de spiritualité et il m'a fait découvrir de nouvelles idées et de nouveaux concepts. Il m'a donné des livres sur Jésus qui m'ont amenée à voir Dieu sous une toute autre lumière. Encore mieux, il m'a appris à méditer. C'était un type de méditation très simple, non-dualiste. J'ai de suite aimé.

J'ai pensé que je pourrais tout simplement être une chrétienne méditante. Mais mes amis du lycée ont commencé à paniquer sérieusement. Ils m'ont envoyé des Bibles, plein de Bibles. L'un d'eux m'a même envoyé une vidéo de sa pré-rentrée, où toute sa classe était assise en prière, en m'expliquant qu'ils priaient tous pour moi dans l'espoir que je revienne vers Dieu ; tout cela parce que j'avais commencé à méditer ! C'était vraiment bizarre.

Et il s'agissait de mes meilleurs amis, que je connaissais depuis des années. Il suffisait que je remette un peu en question leurs croyances sur Jésus, ou simplement que j'entame une discussion sur le sujet, pour qu'ils se mettent en colère et mettent rapidement fin à la conversation. J'étais complètement choquée.

Ils m'ont dit que j'allais me retrouver en enfer. Pour eux, c'était soit noir soit blanc. Mon cousin m'a dit très naturellement que si un bébé mourait avant d'avoir pu inviter Jésus dans son cœur, il allait droit en enfer. Un bébé ? Où était donc le Dieu plein d'Amour ?

Je voyais bien que mes amis et ma famille ne pensaient pas par eux-mêmes. Ils récitaient facilement par cœur des passages de la Bible, mais lorsqu'on creusait un peu, ils étaient incapables de vous dire ce qu'ils signifiaient. Dès que j'ai commencé à les questionner, ils se sont tous retournés contre moi.

C'est vers cette période que je me suis liée d'amitié avec une dame que j'avais rencontrée à l'université. C'était une dévote d'Amma, mais contrairement à mes amis du lycée, elle m'encourageait et ne tentait jamais de me convertir. Nous sommes devenues très proches. Chaque fois qu'elle parlait d'Amma, ce qu'elle ne faisait pas si souvent, je faisais immédiatement le lien avec Jésus. Alors elle souriait, tout simplement.

Elle a fini par m'emmener à son groupe de satsang. Il n'y avait que quelques personnes qui se retrouvaient pour chanter des bhajans et partager le souper. Ma première impression a été que les gens étaient très sympathiques ; mais le satsang, par contre, était vraiment bizarre, très bizarre. Tous ces gens vénéraient une femme ! Et il y avait bien une chose dont j'étais certaine : on ne doit jamais vénérer personne d'autre que Jésus. Je savais que je ne reviendrais pas. C'était de l'idolâtrie. C'était une erreur.

Honnêtement, si j'étais allée au satsang, c'était uniquement pour faire plaisir à mon amie, pas pour moi.

Puis j'ai passé une nuit épouvantable. J'avais rompu avec mon compagnon quelques semaines plus tôt, et je me sentais complètement seule. La dépression qui couvait en moi depuis notre rupture a commencé à prendre le dessus. Je me suis allongée sur mon lit, et j'ai sangloté.

Tout à coup, j'ai eu peur de me faire du mal. Je savais qu'il fallait que je sorte de la chambre et que je change d'air. J'ignorais où aller, mais cela m'était égal.

J'ai commencé à conduire, au hasard des rues, en m'éloignant de plus en plus de la ville. Je pleurais tellement que j'y voyais à peine. Je ne savais absolument pas où j'étais, ni où j'allais. J'ai fini par me retrouver en pleine campagne ; et soudain j'ai reconnu l'endroit.

Je me trouvais au Centre Amma, où mon amie m'avait amenée quelques mois plus tôt. Pour être honnête j'ignorais le chemin pour m'y rendre, mais voilà, j'y étais.

Il était une ou deux heures du matin lorsque je suis arrivée. L'endroit était complètement désert.

Je me suis dirigée vers l'unique bâtiment que je connaissais et j'ai tenté d'ouvrir la porte. A ma grande surprise, elle n'était pas fermée à clé. Je suis entrée dans la grande salle vide et nue, à l'exception d'une immense photo d'Amma. L'unique lumière de la salle illuminait son visage.

Je ne savais rien d'Amma, ni qui elle était ni ce que tout cela signifiait. Mais son sourire était si doux ! Je me suis assise en larmes devant cette photo, j'ai ouvert mon cœur à Amma, et je lui ai raconté tous mes problèmes.

J'avais vraiment le sentiment qu'elle m'écoutait. Je savais qu'elle m'entendait. Je pouvais sentir une présence tangible dans la salle, et je me suis sentie rassurée. Je n'avais qu'une envie, c'était qu'elle me prenne dans ses bras.

Dans un angle de la salle, il y avait une toute petite boutique et une table couverte d'adorables petites poupées Amma. Je n'avais jamais eu d'attirance particulière pour les poupées jusque-là, du moins pas depuis l'âge de six ans, mais j'ai soudain éprouvé une envie irrésistible d'avoir ma propre poupée Amma.

J'en ai choisi une et je l'ai serrée contre moi pendant un long moment. J'avais le sentiment que c'était Amma en personne qui m'étreignait à travers la poupée. Il me la fallait. J'ai vérifié la somme que je devais au Centre, et j'ai emmené la poupée avec moi.

Lorsque je suis arrivée dans mon appartement, le soleil se levait. Je me suis effondrée sur mon lit et me suis endormie en serrant ma petite Amma contre mon cœur. A mon réveil ce matin-là, je me sentais merveilleusement mieux. La dépression m'avait presque complètement quittée. Depuis ce jour, dès que je me sens triste, je prends cette petite poupée dans mes bras, et je sais que tout va s'arranger.

Je ne dirais pas que toute ma souffrance a disparu cette nuit-là ni que tous mes soucis se sont envolés instantanément, mais cela a représenté un vrai tournant. Depuis cette nuit-là, je ressens en permanence un courage intérieur et une force très profonds, car je sais qu'Amma est toujours avec moi.

Amma est toujours à l'écoute de nos espoirs et de nos rêves, de nos souffrances et de nos prières. Elle nous

comprend bien plus profondément que nous ne nous comprenons nous-mêmes.

Elle voit à travers la nuit la plus sombre, au cœur de notre âme, même lorsque nous nous heurtons aux murs intérieurs de la séparation et que la souffrance nous isole. Même lorsque nous ne sentons pas sa présence, souvenons-nous : quoi qu'il arrive, elle est toujours avec nous.

Il y a quelques années, alors que nous voyagions dans le train en Inde, Amma nous a expliqué que chacune de ses actions a une signification. Elle nous a dit cela au beau milieu de la nuit, quelque part entre New Dehli et Calcutta.

Alors que le train arrivait dans une gare, nous avons entendu la foule qui psalmodiait sur le quai : « Om Amriteshvaryai Namaha... Om Amriteshvaryai Namaha... »

Des dévots étaient assemblés là, dans l'espoir d'apercevoir Amma. Elle s'est levée et a couru vers la porte du wagon, impatiente de les voir.

« Pouvez-vous ouvrir la porte ? » a-t-elle demandé. La poignée était coincée- mais soudain, elle s'est débloquée, et Amma a pu enfin sourire à la foule rassemblée devant elle... ceci n'a duré qu'un instant. Dès que le train a redémarré, la porte s'est refermée d'un coup.

Mais Amma n'avait pas fini. Elle a collé son visage contre la fenêtre et a souri avec amour à chacun. Un amour immense se répandait depuis la fenêtre du train ; seule une fine couche de verre séparait Amma de ses dévots. La foule s'est précipitée vers elle afin de la toucher, ou du moins de toucher la vitre qui les séparait. Elle a collé sa main contre la fenêtre, juste en face de la main d'un dévot posée de l'autre côté de la vitre. Puis, elle a fait de même avec la main d'une dévote.

Puis le train s'est éloigné lentement, et nous avons regagné le compartiment d'Amma. Là, la vitre était teintée. Les dévots ne pouvaient plus la voir, mais elle les voyait. Elle les voyait suivre le train en l'appelant. Certains levaient les mains au-dessus de leur tête en signe d'au-revoir, d'autres s'efforçaient de toucher la vitre car au moins, c'était sa fenêtre…

« Tel est le monde, » dit Amma en les regardant. « Je les vois, mais ils ne peuvent pas me voir. Le guru voit toute chose et chacun, mais personne ne voit réellement le guru. »

Chapitre 7

Tu as bien fait

La question la plus récurrente et urgente est : « Que fais-tu pour les autres ? »

– Martin Luther King

J'avais prévu de me lever tôt et de me rendre au programme d'Amma avant toute chose, mais il s'est passé autre chose : j'ai dormi. Une amie m'a appelée, tard dans la matinée, et elle m'a réveillée. « Où es-tu ? » m'a-t-elle demandé. « Est-ce que tu viens ? » Amma était de passage à Los Angeles et j'avais prévu de la rencontrer pour la première fois.

J'ai bondi hors de mon lit, me suis précipitée sur le lieu de la rencontre, et je suis arrivée vers onze heures du matin. Mon ticket de darshan était le numéro ZZYZ, ou quelque chose d'aussi dingue, et les bénévoles locaux m'ont dit que je ne recevrais pas le darshan avant à peu près trois heures du matin le lendemain. J'avais beaucoup de temps devant moi, alors je suis partie en exploration.

La première chose que j'ai remarquée, ce sont tous les projets bénévoles et les actions caritatives qu'Amma dirige. J'adore le bénévolat, donc j'ai passé un certain temps à me renseigner sur les activités d'Amma. Puis une boutique a attiré mon attention : un centre commercial, ici ? J'étais tout excitée. A ce moment-là, les musiciens ont commencé à jouer…un centre commercial et un groupe de musique ? J'étais au paradis.

Je ne connaissais pas cet endroit, mais je l'aimais déjà.

Mon amie m'a fait signe de la main. Elle m'avait réservé une place à environ dix rangées du fauteuil d'Amma. L'homme assis à côté de moi était également nouveau venu et nous avons bavardé un petit moment. Je me suis tournée pour regarder Amma. Tout d'un coup, les personnes debout devant elle se sont écartées. C'était comme si la Mer rouge se fendait en deux.

Elle m'a regardée directement et m'a souri.

Le sentiment d'amour pur émanant de son regard a caressé mon corps tout entier. Je me sentais comme enroulée dans le plus doux des cotons. Je me souviens avoir pensé « Cela ressemble à de l'amour, mais c'est un amour différent de tout ce que j'ai connu jusqu'à présent. » J'avais absolument besoin de me rapprocher. Je me suis frayé un chemin jusqu'au premier rang, juste derrière les musiciens. Je me suis assise et j'ai regardé Amma ; plus je la contemplais, plus je sentais mon cœur se remplir. Je suis restée assise là sept heures durant, immobile.

Je suis revenue sur le programme chaque jour pendant la visite d'Amma à Los Angeles. Le matin qui a suivi son départ, je me suis réveillée, et mon mental tournait en rond : « Que faire maintenant ? » me demandais-je. Il ne me suffisait pas de penser que je reverrais Amma un jour ou l'autre ; je voulais la voir tous les jours. Tout ce que je désirais, c'était être en sa présence tous les jours. Tout ce que je voulais, c'était être avec elle. J'ai passé des heures à me demander comment réaliser ce rêve.

J'étais accablée de tristesse après son départ, et j'éprouvais le besoin de redescendre sur terre. « Bon, peut-être vais-je faire un peu de shopping », me suis-je dit. « Ça marche à tous les coups. » J'ai bu un café et je suis descendue au centre commercial m'acheter des chaussures. Je me suis assise sur le sofa du magasin en pensant « A quoi bon ? » Tout cela semblait bien moins attrayant que ça ne l'avait été autrefois.

J'ai un peu erré dans les rayons, et j'ai finalement trouvé une paire de chaussures neuves à mon goût, mais toutes les trois minutes, je m'arrêtais net et commençais à rêver en pensant à Amma. « Qu'est-ce que je suis en train de faire ? » me demandais-je. « Pourquoi est-ce que je gaspille mon temps à essayer ces chaussures ? Tout ce que je veux, c'est être avec elle. »

Alors que je me dirigeais vers la caisse, une femme m'a arrêtée. Elle montrait du doigt les chaussures que je tenais à la main. « J'adore ces chaussures. Où les avez-vous trouvées ? » J'ai désigné le rayon où je les avais trouvées. Nous avons entamé une conversation.

Elle m'a confié qu'elle devait se rendre à un mariage deux heures plus tard, mais qu'elle n'avait pas de chaussures assez belles pour l'occasion. « Je déteste faire du shopping », m'a-t-elle dit. « Je me sens terriblement dépassée et perdue dans ces grandes surfaces. » Elle m'a remerciée de lui avoir montré la bonne direction, et nos chemins se sont séparés.

Je venais de payer à la caisse quand cette même femme est arrivée. Elle a demandé à la caissière s'il restait une autre paire de chaussures comme celles que je venais d'acheter.

« C'est la dernière paire », a répondu sèchement la vendeuse. Ses épaules se sont légèrement affaissées et elle est partie, un peu triste et confuse.

Puis, soudain, venue de nulle part, une drôle de pensée m'a traversé l'esprit : « Ne laisse pas cette femme quitter la boutique ! Donne-lui tes chaussures ! »

« Non, hors de question ! Je ne peux pas faire ça ! »

La pensée est revenue avec encore plus de force. « Ne la laisse pas quitter la boutique ! Sors et donne-lui tes chaussures ! »

« Non, » me suis-je dit à moi-même, fermement. « Il est hors de question que j'aille courir après cette femme. C'est trop bizarre. Je garde mes chaussures. »

La pensée est revenue à nouveau. Impossible de l'ignorer.

J'ai regardé autour de moi quelques minutes, cherchant mollement à la retrouver. Elle était invisible. Convaincue qu'elle était partie, j'ai soupiré de soulagement.

Puis elle est revenue.

Que pouvais-je faire ? Je suis allée à sa rencontre et lui ai dit : « Tenez, prenez mes chaussures. Vous en avez plus besoin que moi. » Elle m'a regardée avec horreur, comme si j'étais un monstre à deux visages. « C'est trop étrange. Je ne peux pas faire ça. Elles sont à vous ! »

« Oui, mais c'est vous qui devez aller à un mariage dans deux heures, pas moi. Je les ai achetées, rien que pour le plaisir d'acheter. Vous en avez vraiment besoin, pas moi. » Elle n'a rien dit. « Ecoutez, ce n'est pas bizarre. Faisons en sorte que cela ne le soit pas. Prenez les chaussures, et essayez-les. »

Elle m'a regardée un instant « Vraiment ? » Les chaussures lui allaient parfaitement. Elle était incontestablement ravie, mais m'a regardée timidement, « Vous êtes sûre ? »

« Ecoutez, il n'y a pas à discuter. » J'ai levé les yeux au ciel. « Vous devez les prendre. »

Soudain, j'ai été envahie par une sensation qui a pris possession de tout mon corps. C'était la même sensation que lors de mon premier darshan. Tout s'est éclairé : « Ca y est ! C'est cela le message d'Amma. »

Elle a souri joyeusement et a dit « C'est une des choses les plus touchantes que l'on ait jamais faite pour moi…et je ne vous connais même pas. Je vais raconter cette histoire à tout le monde au mariage. A partir de maintenant, chaque fois que je regarderai dans mon placard, je me souviendrai de votre gentillesse, et cela me rappellera que je dois avoir la même attitude. »

Il s'agissait d'une chose toute simple, d'un petit geste dans une boutique de Los Angeles, une seule paire de chaussures…Mais c'était bien plus que ça. A ce moment-là, Amma était là. J'avais l'impression d'avoir reçu un darshan.

Ce que j'ai compris à cet instant-là, c'est qu'un petit acte de générosité crée réellement un effet ricochet.

En dépit de cette révélation, je me sentais encore déconnectée, alors je me suis retranchée dans mon activité favorite : je suis retournée faire du shopping. Cette fois, je suis allée à la boutique Apple.

A nouveau, comme dans la boutique de chaussures, je me suis retrouvée assise avec mon café, pensant : « Qu'est-ce qui vient de se passer ? »

Je me suis tournée. Debout à côté de moi se tenait une petite fille qui ressemblait trait pour trait à Amma. Elle avait la même couleur de peau, les mêmes cheveux, les mêmes yeux, et un nez vraiment identique. Elle a escaladé le tabouret à côté de moi et s'est assise la main sur le menton, comme Amma le fait souvent. Elle m'a regardée dans les yeux et a souri.

Je savais que c'était Amma qui me disait : « Tu as bien fait. »

Il est important de penser aux autres, et pas seulement à ce que nous désirons ou à ce dont nous avons besoin. La spiritualité est extrêmement pratique : concrète et pratique. Il s'agit du bon sens que nous possédons tous au fond de nous.

Amma nous enseigne à utiliser le discernement qui existe déjà en nous. Nous savons tous intuitivement distinguer le bien du mal. Si nous suivons simplement cette voie, en essayant d'aider et non de blesser, alors nous saurons intuitivement comment nous comporter correctement.

Amma déclare souvent que si la compassion ne se manifeste pas dans nos actions, même le mot « amour » restera un mot vide. Tant qu'il n'aura pas fondu de compassion pour les autres, nous ne pourrons jamais faire l'expérience de l'amour vrai dans notre cœur.

Parfois, lorsque nous sacrifions nos propres besoins pour aider autrui, nous obtenons plus que quand nous nous contentons de prendre. Lorsque nous faisons de bonnes actions pour les autres, notre cœur s'ouvre et laisse une place suffisante pour qu'Amma y entre.

Chapitre 8

Trouver l'amour

Les ténèbres ne peuvent pas chasser les ténèbres ; seule la lumière le peut. La haine ne peut pas chasser la haine ; seul l'amour le peut.

– Martin Luther King Jr.

J'ai une mère vraiment extraordinaire. Elle a toujours été là pour moi. Elle m'a choyée, aimée et a pris soin de moi de tout son cœur. Mon père ? Lui, il la battait. Elle pleurait parfois, mais ne se plaignait jamais. Je pense que quelque part au fond d'elle, elle a toujours cru qu'elle le méritait.

Mon père ne m'a jamais battue, mais il ne semblait pas non plus m'apprécier beaucoup. Je n'étais jamais, absolument jamais assez bien pour lui, et rien de ce que je pouvais faire ne le rendait heureux.

Un jour, à l'école, je devais avoir huit ans, j'ai enfin fait quelque chose dont il pouvait être fier. Notre maître nous a remis nos cahiers d'examens…

sur la couverture du mien figurait un A+ écrit en grosses lettres rouges. J'étais très heureuse. J'avais enfin quelque chose à montrer à mon père.

Il a pris la feuille, en fronçant les sourcils. En lisant ma rédaction de deux pages, écrite avec beaucoup d'application et de ma meilleure écriture, son froncement s'est accentué. « Là », dit-il, « Là ! Tu as fait une erreur. » J'avais mal orthographié un mot. Il était furieux et m'a confinée à la maison pendant trois jours.

Puis, alors que j'avais douze ans, mon père nous quittées. Pour la première fois depuis des années, j'ai enfin pu respirer : plus de violence, plus de peur. Je me souviens de mes retours de l'école dans le bus, et, pour la première fois de ma vie, mon estomac n'était pas noué par l'anxiété.

J'ai eu un petit ami. Puis un autre. Entre l'âge de douze et vingt-six ans (ma rencontre avec Amma), j'ai toujours eu au moins un homme dans ma vie. En général, j'avais deux petits amis en même temps, juste pour me rassurer. Ainsi, si l'un d'entre eux me quittait, je ne me retrouverais pas seule. Parfois ils se connaissaient, parfois non. Peu m'importait.

La plupart du temps, je souhaitais simplement de la compagnie, mais ils attendaient toujours plus. Je le leur accordais. Je considérais cela comme un paiement en échange de services rendus : le service de me débarrasser de ce lancinant sentiment de solitude. Je me sentais redevable envers eux pour leur amitié.

Je me suis haïe, détestée, avec passion. J'imaginais que toute autre personne me haïrait aussi, du moins une fois qu'elle aurait appris à me connaître. J'étais coléreuse et violente, comme mon père. Je passais tout mon temps à tenter d'assouvir mes désirs les plus bas. Mon monde était rempli d'ennemis ; mes seuls amis, il me fallait donc les acheter par des faveurs.

Ma vie ne me menait nulle part, et rien ne retenait mon intérêt. J'ai abandonné l'école, et j'ai détesté tous les emplois que j'ai essayés. Malgré le fait que j'étais engagée dans deux (ou parfois trois) relations, je me sentais complètement seule.

Une nuit, j'ai touché le fond. Je sanglotais, étendue sur le sol de mon appartement, et j'ai imploré Dieu « Tu dois me sauver ! Tu dois me tirer de là ! Je ne peux plus supporter cette vie… »

C'est alors qu'Amma est arrivée.

Un de mes amis était un dévot. Lorsqu'Amma est venue en Europe, il m'a appelée chaque jour, pour m'exhorter à venir la rencontrer. Comme il n'arrêtait pas de me casser les pieds, j'ai accepté de demander un congé à ma patronne, juste pour qu'il me fiche la paix. Je savais qu'elle refuserait. Le restaurant dans lequel je travaillais était débordé et en sous-effectif. Nous travaillions déjà dix-huit heures par jour.

Lorsque je lui ai demandé, ma patronne m'a regardée, manifestement surprise par ma requête. « Est-ce que ça te fera du bien ? » m'a-t-elle demandé. Que pouvais-je dire ? « Eh bien, mon ami m'appelle tous les jours en me disant que ce sera le cas... » « Est-ce que deux jours te suffiront, ou bien plus ? »

Je suis restée bouche bée.

Je suis arrivée sur le lieu de rencontre quelques jours plus tard. Je me sentais sur les nerfs et pleine de scepticisme. Je me suis choisi un siège et j'ai attendu l'arrivée de cette « Amma ».

Lorsqu'elle est entrée dans la salle, tout ce que j'ai pu voir, c'était de la lumière. C'était une énergie énorme, lumineuse, plus grande encore que le hall lui-même. La lumière semblait bouger autour de son tout petit corps. Elle émanait d'elle, mais ne se limitait pas à elle.

Après avoir reçu le darshan d'Amma, pour la première fois depuis des années, j'ai enfin pu me détendre. J'ai pleuré toute la nuit. Je savais que j'avais trouvé Dieu.

J'avais toujours pensé que j'étais têtue, mais avec Amma j'ai trouvé un adversaire de force égale. Elle m'a forcée à me transformer, malgré tous mes efforts d'auto-destruction.

Le premier changement qu'elle a opéré dans ma vie a été complètement bouleversant. Après cette nuit-là, je n'ai plus attiré un seul homme. Mes deux copains ont rompu avec moi, l'un après l'autre. C'était horrible.

C'est alors que je suis devenue amie avec une fille, puis deux. J'avais toujours eu peur des femmes, car je ne pouvais pas les manipuler. A présent, pour la première fois en quinze ans, je pouvais parler à des personnes qui n'attendaient rien de moi.

Le plus étrange, c'est qu'elles semblaient sincèrement m'apprécier.

Quelques mois après ma rencontre avec Amma, j'ai visité son ashram in Inde, et j'ai vu des femmes travailler dix-huit heures par jour dans la cuisine, comme je le faisais, mais elles semblaient passionnées par cette activité. J'en ai pris une à part et lui ai demandé « Est-ce que tu *aimes vraiment* travailler toute la journée…? »

J'étais choquée à l'idée que qui que ce soit puisse *choisir* de travailler. Si on m'avait donné le choix, je n'aurais jamais bougé le petit doigt.

Quand je me suis mise à faire du seva, pour la première fois de ma vie, j'ai trouvé quelque chose capable de retenir mon intérêt. J'adore le seva : on a l'impression d'ouvrir le portail de la grâce. Chaque fois que j'ai un problème, je fais du seva et je me sens toujours mieux.

Amma me soutient et me guide, peu importe à quel point je résiste ou le nombre de mauvaises actions que j'ai commises. Elle a pris un engagement envers moi, malgré toutes les erreurs et les bêtises que je commets. Elle connaît jusqu'aux profondeurs de mon âme – et ne me déteste pas. Elle m'aime absolument telle que je suis.

Je ne cherche plus désespérément l'amour des hommes. Amma a rempli le vide de mon cœur esseulé. Je sais que je suis aimée inconditionnellement, et cela m'a permis de commencer à m'aimer.

Le mental est rempli de pensées et d'émotions passagères, mais cela ne signifie pas que nous devons leur donner suite par nos actions. Tout le monde a des désirs ; le désir en soi n'est pas un problème. Le problème survient lorsque ces désirs nous poussent à agir d'une manière qui blesse et les autres et nous-mêmes.

Lorsque nous souffrons, que nous sommes blessés ou en colère, nous sommes particulièrement enclins à réagir et nous perdons notre discernement. Dans de tels moments, il est spécialement difficile d'agir avec clarté et discernement. Néanmoins, il est important d'essayer d'agir avec précaution dans de telles situations, afin d'éviter de commettre un acte que nous pourrions regretter plus tard.

Souvenez-vous pourquoi vous êtes venus sur Terre et ne vous laissez pas entraîner à faire de mauvais choix ! Lorsque notre comportement est blessant, la personne que nous faisons le plus souffrir, c'est nous-mêmes.

Lorsqu'ils traversent des périodes difficiles, les gens considèrent parfois que Dieu est cruel. Ils perdent la foi et se plaignent « Quel Dieu pourrait permettre autant de souffrance ? » Mais Amma a compris, alors qu'elle n'était qu'une jeune fille, que chacune de nos actions entraîne une réaction. Parfois ces réactions se manifestent au bout de plusieurs vies, mais le fruit de nos actions nous revient toujours.

Il est impossible d'échapper au karma, mais il est important de se souvenir que le cycle insondable et incompréhensible du karma est toujours là pour nous donner une bonne leçon. Lorsque le karma nous revient sous la forme d'une expérience difficile ou douloureuse, cela devrait servir à nous réveiller de notre état profond d'ignorance. Dieu n'est pas cruel ; le Divin tente seulement toujours de nous bénir ou de nous écarter du mauvais chemin.

On dit parfois que le guru est plus grand que Dieu car Dieu ne nous donne que ce que nous méritons (pour nous aider à grandir). Le guru, en revanche, nous offre amour et pardon. Nous pouvons voir cela clairement chez Amma : à la façon dont elle communique avec les milliers de personnes qui viennent à elle chaque jour. Elle est un canal de l'Amour divin en ce monde. Elle nous accepte, avec toutes nos fragilités humaines. Elle nous élève et nous place sur le chemin qui mène vers le but de l'existence humaine.

Amma est une incarnation de l'amour. Elle est venue ici par pure compassion envers nos souffrances. Peu importe le nombre d'erreurs que nous commettons, Amma nous aime. Elle nous encourage avec patience et persévérance à imiter la fleur de lotus qui pousse dans la boue et atteint la lumière du soleil.

Chapitre 9

Devenir Arjuna

*Sonne la cloche tant qu'elle peut sonner,
Oublie l'offrande parfaite.
Il y a une fissure en toute chose,
C'est par là qu'entre la lumière.*

– *Leonard Cohen*

J'étais une enfant solitaire. Je n'avais pas d'amis et mes deux parents travaillaient à plein temps. Ils embauchaient toujours quelqu'un pour s'occuper de moi. J'étais donc propre et bien nourrie, mais je me sentais toujours seule.

Ma mère travaillait jour et nuit. Quand elle était à la maison, elle passait son temps dans son bureau. Je n'avais le droit de m'asseoir à ses côtés que si j'étais aussi discrète qu'une souris ; pas un murmure, pas un reniflement, pas de bruit de stylo, et pas d'éternuement. Cela aurait été difficile pour n'importe quel enfant, alors que dire d'une enfant hyperactive. Si je déglutissais trop bruyamment, je risquais la porte.

Un jour - j'avais cinq ans - un de mes cils m'est tombé sur la joue. Ma mère l'a recueilli et m'a dit en souriant : « Fais un vœu. »

Ainsi les vœux se réalisent grâce aux cils ?

J'ai donc commencé à faire des vœux. Des vœux, des vœux, et encore des vœux.

A douze ans, tous mes vœux avaient été utilisés. Mes cils avaient disparu. Je suis passée aux sourcils. Mes parents ne s'en sont pas aperçu mais l'infirmière de l'école l'a remarqué. Elle a appelé mes parents, et j'ai entamé une thérapie.

Cela n'a pas fonctionné.

Je suis passée à la tête. J'avais treize ans quand est apparue ma première zone de calvitie, à l'arrière du crâne, comme chez un vieux monsieur. J'avais arrêté de faire des vœux, mais m'arracher un cheveu me procurait une sensation de réconfort. Tel un vieil ami, cette sensation me tenait compagnie et m'apaisait. C'était le seul moyen que je connaissais de calmer l'angoisse qui ne me quittait pas.

De treize à dix-huit ans, j'ai refusé les coupes de cheveux. J'étais trop gênée. Une fois seulement, ma mère a insisté. Elle a dit au coiffeur par téléphone que j'avais une leucémie pour qu'on soit moins gêné par mes zones de calvitie. J'ai piqué une crise. Inutile de dire que le rendez-vous a été annulé. Après cet épisode, ma mère a laissé tomber.

A l'université, je me suis coupé moi-même les cheveux avec des ciseaux et un miroir. C'était la seule manière de réduire un peu mes compulsions d'arrachement. J'ai commencé à sentir une sorte d'énergie malfaisante et vile au sommet de ma tête. C'était épais, méchant et gluant. Comme un démon assis sur ma tête. C'était insupportable. Me couper les cheveux tout court était le seul moyen de m'empêcher de les arracher. C'était mon seul recours.

Je rêvais souvent d'avoir de beaux cheveux, longs et épais, comme lorsque j'étais enfant, mais je savais que cela ne reviendrait pas, même avec des efforts surhumains. J'étais incurable.

J'ai tout essayé, toutes les thérapies possibles : les thérapies comportementales, la thérapie par la parole, la thérapie contre les dépendances. « Je suis désolé, m'a dit un médecin, peut-être devriez-vous consulter un autre docteur. D'habitude ce n'est pas si long. » Je suis allée voir des chamanes. Des magiciens. J'ai même essayé l'exorcisme. Rien ne fonctionnait. En vingt ans, je n'ai eu aucun résultat.

Puis j'ai rencontré Amma.

Au départ, il n'y a pas eu de changement et mon addiction est restée toujours aussi forte. Lorsque les compulsions devenaient ingérables, je devais encore me raser la tête avec des ciseaux. Mon crâne était couvert de larges zones de calvitie, et je pense que je devais avoir l'air vraiment bizarre avec mes cheveux rasés à un centimètre.

Un été, à peu près un an après ma première rencontre avec Amma, mon mala s'est cassé. C'est arrivé pendant un voyage avec Amma et j'ai décidé d'utiliser les perles de mon mala pour faire deux bracelets assortis : un pour moi et un pour elle. Je reconnais qu'ils étaient assez affreux, mais je les trouvais alors magnifiques. Je les avais faits avec tant de dévotion ! En toute honnêteté, seule une mère pouvait aimer ces bracelets. Je les portais tous deux au poignet en attendant de recevoir mon darshan.

Puis je les ai portés dans les toilettes…

Tout à coup, j'ai été submergée par un sentiment de honte. Dégoûtée, écœurée. Comment pouvais-je imaginer offrir à Amma un présent que je venais de porter dans les toilettes ?

Je frémissais à la pensée de cette terrible erreur. J'étais incapable d'en parler à qui que ce soit tellement ça me gênait et m'horrifiait. Je savais bien que si quelqu'un venait à l'apprendre, il serait écœuré. J'étais crasseuse, et mon cadeau était tout aussi dégoûtant. La seule pensée d'offrir une chose si impure à la Mère divine me retournait l'estomac.

Je ne savais que faire. J'avais fait ce bracelet spécialement pour elle, avec tant d'amour ! Finalement, après toute cette torture mentale, j'ai résolu de donner tout de même le bracelet à Amma. Que pouvais-je faire d'autre ?

J'ai apporté toute ma honte à Amma et je l'ai mise à son poignet.

Avec l'enthousiasme d'un enfant, j'ai murmuré à son oreille : « Amma, maintenant nous sommes assorties ! ». Elle m'a attirée tout contre elle. J'ai entendu sa réponse dans mon cœur : « Nous devons être assorties à l'intérieur. » A ce moment-là, toute ma honte s'est évanouie. Je l'ai sentie clairement se lever et s'en aller. J'ai su soudain, sans l'ombre d'un doute, que je n'avais plus besoin de m'arracher les cheveux.

J'ai arrêté.

En vingt ans d'efforts répétés, rien n'avait fonctionné… rien. Mais en l'espace d'un darshan, Amma a effacé toute ma souffrance. Vingt ans de honte et de culpabilité, vingt ans de secrets et de mensonges, et tout s'est évanoui en une seule étreinte.

Je ne peux pas dire que je suis toujours parfaite. Il m'arrive encore de m'arracher quelques cheveux par ci par là. En de rares occasions, l'addiction revient, et j'entre à nouveau en guerre contre moi-même. Dans ces moments-là, les démons de la dépression et de la honte dressent leurs têtes hideuses, mais cela n'a rien à voir avec ce que c'était dans le passé.

Avant ce darshan, je me coupais les cheveux court, toujours au-dessus du menton, presque au ras du crâne. Pendant des années, j'ai parcouru les chemins de la vie sans cils ni sourcils. Chaque jour se passait à lutter contre l'irrésistible envie d'arracher mes propres cheveux. Je restais parfois éveillée des heures durant, jusqu'au petit matin, luttant contre mon addiction. J'étais toujours perdante. Je ne pouvais pas m'arrêter.

Puis soudain, la lutte a pris fin. C'était terminé, fini. Révolu.

En l'espace d'un instant, j'étais Arjuna, et Krishna conduisait mon char.

Nous avons gagné.

Amma tente de nous libérer de la prison de notre mental. Elle a déjà ouvert la porte, mais nous avons souvent trop peur pour en sortir. Au lieu de nous ouvrir à la lumière, nous décorons constamment notre cachot solitaire avec des peurs et des souffrances imaginaires.

L'amour d'Amma ne connaît pas de limites. Mais nos barrières mentales nous empêchent de recevoir cet amour. Il est extrêmement difficile de s'extraire des chaînes imaginaires qui nous lient. Amma a un jour déclaré que nous souhaitons tous être libres et que pourtant, même lorsqu'elle nous donne un aperçu de la liberté, nous revenons aussitôt dans les chaînes familières qui nous tiennent prisonniers.

Heureusement, Amma ne baisse jamais les bras.

Amma aime ouvertement tous les êtres d'un amour pur et inconditionnel. Elle accepte chacun avec ses complexes, son orgueil, sa fierté, sa colère, ses peurs et tous ses manques. Avec le temps, le filtre de son amour purifie nos faiblesses et les transforme en forces.

Au tréfond d'eux-mêmes, la plupart d'entre nous aspirent toute leur vie à un amour tendre et durable. Amma nous donne cet amour maternel inébranlable dont nous avons toujours rêvé. Elle est la mère que chacun d'entre nous aurait rêvé avoir dès sa naissance. Elle est notre mère, notre vraie mère, et elle nous aide à comprendre que l'amour est la source même de la vie.

Chapitre 10

Dépasser la violence

« Hier, j'étais intelligent, alors je voulais changer le monde. Aujourd'hui je suis sage, alors j'essaie de me changer moi-même. »

– *Rumi*

Ma mère avait dix-sept ans lorsqu'elle est tombée enceinte. Elle a accouché juste après ses dix-huit ans. Personne ne savait qui était mon père, et le mystère entourant ma naissance était un sujet de honte pour ma famille entière. Cela aurait pu être n'importe qui : le facteur, le policier ou l'agent d'entretien…Elle n'en avait parlé à personne. J'étais né sans père, ce qui a provoqué chez moi une grosse crise d'identité.

Les neuf premières années de ma vie ont été douces et simples. Ma grand-mère s'occupait de moi quand ma mère travaillait. Je passais de longues heures seul, à grimper aux arbres ou à me cacher dans des coins secrets de notre ferme.

Puis ma mère est tombée amoureuse d'un militaire, nous avons déménagé en ville, et tout a changé.

Ma grand-mère a fait une dépression, et moi aussi. Ma nouvelle école était remplie de violence. A l'âge de neuf ans, j'ai appris à me battre. Mes seuls amis étaient deux gitans qui habitaient à côté.

Je me souviens du premier jour où je suis arrivé : un garçon plus âgé m'a plaqué contre un mur, pour me frapper en pleine figure. Par miracle, j'ai réussi à lui attraper la main. Mes doigts étaient petits, mais j'ai capturé un de ses gros doigts et l'ai retourné… encore…encore…nous avons entendu un craquement inquiétant.

Il ne m'a plus jamais cherché d'ennuis.

Les garnements avaient un rituel assez violent dans mon école : chaque fois qu'un nouvel élève arrivait, les enfants lui maintenaient les bras et les jambes derrière le dos et lui frappaient le corps contre un pilier en béton. Ils riaient en l'entendant hurler.

Je ne pouvais pas rester là à ne rien faire pendant que quelqu'un se faisait tabasser, et je me précipitais à sa rescousse. J'ai reçu beaucoup de coups en échange. Les autres enfants mettaient des vers dans mes vêtements et me brûlaient les cheveux. J'étais attaqué de toutes parts. J'ai été tapé, poussé, j'ai vu un couteau sous ma gorge. On m'a cassé mes lunettes. J'ai saigné du nez.

Je n'avais pas de Dieu. Ma grand-mère m'amenait parfois à l'église, mais le prêtre frappait mon cousin, alors quand il prêchait la bienveillance et la bonté, je ne pouvais pas le croire. J'écrivais dans le sable « personne ne m'aime ». Je ne croyais pas en l'amour de ma mère parce qu'elle se refusait toujours à me communiquer l'identité de mon père. Mon cœur brûlait en permanence ; j'étais toujours en colère. La violence inutile, la souffrance, c'était beaucoup trop.

J'ai donc fait la chose la plus censée : je me suis enfui.

Encore adolescent, je suis parti vivre et travailler dans des maisons de personnes très riches pour subvenir à mes besoins. Certains de mes employeurs étaient riches et célèbres. Ils avaient de beaux enfants, passaient leurs vacances dans des endroits de rêve et avaient tout ce qu'ils voulaient, mais malgré cela, ils étaient malheureux, comme nous tous ; alors à quoi bon ? La vie perdait son sens.

Plus je prenais de l'âge, moins la vie me semblait savoureuse et colorée. J'étais en colère contre le monde entier à cause de toute la violence, à cause de ces souffrances inutiles que nous nous infligeons les uns aux autres. Rien n'avait de charme. Personne ne m'inspirait. Tout était du toc.

Je ne croyais pas à l'amour.

J'étais sûr que les gens faisaient seulement semblant de s'aimer pour obtenir quelque chose en retour. J'ai tenté d'abréger ma durée de vie de manière naturelle : je buvais deux litres de café et fumais deux paquets de cigarettes par jour. J'étais profondément malheureux.

A un moment donné, les choses ont basculé. J'ai commencé à comprendre que le problème venait de moi. Comment pouvais-je attendre que quelqu'un ou quelque chose soit ce que je ne pouvais pas être moi-même? Au lieu de me concentrer sur les défauts des autres, j'ai décidé de changer.

J'ai commencé une thérapie. Comme me l'a suggéré mon thérapeute, je me suis inscrit à un « atelier de guérison ». Le thème était l'éveil de l'enfant intérieur et la guérison de « l'histoire paternelle ». C'était exactement ce dont j'avais besoin.

L'homme qui guidait cet atelier m'accordait beaucoup d'attention. Il m'a invité à venir (gratuitement !) participer à son prochain atelier de spiritualité. J'ai commencé à voyager avec lui et à l'aider dans son travail. Nous sommes devenus très proches et il jouait le rôle d'un père avec moi.

Environ un an après avoir commencé ce travail, j'étais avec une amie et je lui ai simplement demandé « Qu'est-ce que tu fais ce week-end ? »

« Je vais voir Amma », m'a-t-elle répondu.

J'ai ressenti une émotion tout à fait inconnue jusqu'alors, un pincement tout au fond de mon cœur.

« Je viens avec toi, » ai-je répondu comme une évidence. Je ne lui avais même pas demandé qui était Amma ni ce qu'elle faisait. Quelque chose en moi *savait* que je devais la rencontrer.

Lorsque j'ai dit à mon professeur où j'allais, il a tenté de m'en dissuader ; il s'est plaint : « Mais je suis aussi un maître réalisé ! »

Je n'ai rien dit. Je l'aimais énormément mais je savais qu'il me fallait y aller.

Le lendemain, je suis arrivé tôt sur le lieu du programme et me suis retrouvé parmi les premiers dans la file. L'énergie du hall de darshan était élevée ; l'air semblait très pur. Lorsque je me suis retrouvé face à Amma, elle m'a regardé et s'est mise à rire sans s'arrêter. Je la contemplais, complètement médusé. Soudain, je me suis rendu compte que la scène était très drôle et me suis mis à rire avec elle.

Je suis resté pendant les trois jours du programme. Des larmes coulaient de mes yeux à chaque instant. Je ne me sentais pas triste, non. Je ne pouvais simplement pas m'arrêter de pleurer. Je ne peux pas l'expliquer. A la fin de ces trois jours, je me suis senti entièrement renouvelé, différent à tous les niveaux : physique, émotionnel et spirituel.

Le changement le plus frappant, c'était que ma colère et ma douleur de ne pas connaître mon père s'étaient complètement dissipées. Cette douleur horrible qui s'était quotidiennement emparée de mon cœur s'en était allée. J'avais tout tenté pour soigner cette blessure, et rien n'avait fonctionné, jusqu'à ce que je rencontre Amma. Pendant ces trois jours, la crise que j'avais traversée depuis des années s'était simplement évaporée.

Je suis encore en proie au sentiment d'insécurité et la peur du rejet ne m'a pas abandonné. Mais je ne ressens plus le besoin impérieux de connaître son nom, de voir son visage ou de le rencontrer. Je ne me sens plus abandonné, je n'ai plus cette colère noire envers ma mère qui a refusé de me dire la vérité. Ma relation avec elle a commencé à s'améliorer.

Lorsque j'ai rencontré Amma, j'ai su que l'amour dont je rêvais existait vraiment. Ma vie tout entière a pris sens ce jour-là. J'ai compris qu'ELLE était ce que j'avais toujours recherché.

Amma nous incite souvent à aimer et à servir dès que nous le pouvons. Je fais de mon mieux pour suivre ses enseignements. Elle a provoqué un changement radical dans ma vision du monde et m'a donné un but. Elle m'aide à trouver des occasions de donner aux autres et en faisant cela, elle dissipe les ténèbres de mon existence (et je l'espère, celles de la vie des personnes qui m'entourent). Je suppose que cela fonctionne car ces derniers temps, ma patronne me dit souvent que j'ai trop de compassion pour nos clients !

Les gens ne sont plus des ennemis menaçants. Amma a transformé les difficultés de ma vie : ces lourds fardeaux sont devenus des outils qui m'aident dans mon développement spirituel. Je suis devenu plus apte à considérer les défis comme des tremplins plutôt que comme des obstacles. Lorsqu'Amma a allumé cette petite bougie dans mon cœur, les ténèbres du monde sont devenues moins effrayantes.

Aujourd'hui, ma mère biologique est une bonne amie, ce qui est entièrement dû à la grâce d'Amma. Dès l'instant où j'ai pu dépasser ma colère, notre relation a pris une autre tournure. Récemment, je lui ai écrit une lettre de gratitude : « Merci. Merci de m'avoir mis au monde. Merci de m'avoir gardé avec toi, alors que tu étais si jeune et que les temps étaient si durs. J'aime le fait que chaque jour je trouve le moyen de grandir, d'apprendre et, le plus important, de servir. Merci, parce que j'aime ce monde, et ma vie. »

Amma est établie dans un état constant d'amour désintéressé. Elle invite tout le monde à se joindre à elle. Lorsque nous servons les autres, un peu de son énergie et de sa grâce se répand sur nous.

Amma est un exemple parfait. Elle nous montre que, peu importe à quel point le monde qui nous entoure peut paraître sombre, nous pouvons malgré tout goûter une joie et un bonheur exquis lorsque nous passons notre vie à donner et à servir de façon désintéressée.

Ce n'est pas qu'il faille accomplir des choses extraordinaires. Il y a toujours quelqu'un qui est prêt à résoudre un problème lorsqu'on le considère comme important. Mais ce sont les petites actions que nous accomplissons (comme ramasser les ordures ou bien faire la vaisselle de quelqu'un) qui apportent joie et satisfaction à notre existence. Si nous pouvons être heureux en accomplissant de petits gestes désintéressés, nous trouverons un profond contentement (et les choses seront vraiment bien nettoyées).

Aussi étonnant que cela puisse paraître, lorsque nous donnons quelque chose en prenant une résolution d'amour pur, il n'y a pas de sacrifice. En fait, pour les chercheurs spirituels, le travail acharné et le sacrifice peuvent devenir une source importante de satisfaction (en dépit des quelques ampoules et douleurs musculaires que l'on attrape en route).

Dans ma vie, les plus douces et les plus merveilleuses bénédictions me sont venues d'Amma, qui m'a donné la chance de servir dans ses activités caritatives. Tout le monde ne peut pas venir en Inde et servir de cette manière, mais peu importe où nous nous trouvons dans le monde, la vie nous offre beaucoup de chances de servir. Lorsque nous le faisons, les portes de la grâce s'ouvrent et la vie devient une aventure merveilleuse.

Chapitre 11

Le désespoir d'un cœur brisé

La gloire suprême ne consiste pas à ne jamais tomber, mais à se relever après chaque chute.

– *Confucius*

Je suis né dans un ashram et j'ai mené une vie spirituelle jusqu'à l'âge de seize ans. Enfant, j'étais toujours heureux et satisfait. Notre ashram était un lieu paisible. Nous vivions modestement, mais dans le contentement.

Les gens du voisinage étaient complètement différents. Beaucoup de personnes influentes papillonnaient dans les rues. Notre voisin d'à côté n'était autre que le fils de Ringo Starr. J'ai grandi au milieu de gens riches et célèbres, mais je n'ai jamais eu le sentiment d'appartenir à leur monde.

Quelques-uns de mes amis étaient tellement ancrés dans le monde matériel qu'ils s'achetaient chaque mois de nouveaux « jouets » : une nouvelle voiture, un nouveau bateau, une nouvelle drogue.

Beaucoup de mes camarades de classe ont commencé à faire la fête, à draguer et à toucher aux drogues à l'âge de douze ans, mais j'ai toujours réussi à rester à l'écart de tout cela. Je connaissais la nature réelle de la vie. Je n'avais pas besoin de cela ; mon cœur était plein.

Puis, en l'espace d'une nuit, tout a changé. J'avais seize ans quand mon guru est mort, et toute ma vie a été bouleversée. Je me souviens avec clarté du jour de sa mort. J'étais absolument inconsolable et ne pouvais m'arrêter de pleurer. Ma mère et mes frères étaient dans le même état, et nous étions incapables de nous réconforter mutuellement. Nous étions tous perdus. En un instant, tout ce que nous avions, tout ce en quoi nous avions placé notre foi, avait disparu.

Je comprends à présent que cette douleur résultait de l'attachement à une forme, mais jamais auparavant je n'avais connu de forme aussi parfaite que la sienne. Chacun de ses mots, chacune de ses actions étaient en harmonie avec la création. Il était mon ami le plus cher, mon père et mon Maître, toujours là pour me guider, pour me montrer le chemin de mon propre salut. Je n'aurais jamais pu imaginer que qui que ce soit au monde puisse un jour le remplacer. Je lui portais le plus grand respect, l'amour et la confiance.

Cette perte m'a fait plonger dans un tourbillon, un abîme. Je suis devenu fou.

Je cherchais désespérément à calmer la douleur, à remplir le trou béant de mon cœur. Sa perte m'avait laissé dans un état de vide intérieur. Je ne voulais plus vivre. Si le monde entier n'avait à offrir que la recherche de biens matériels illusoires et des buts vides de sens, je ne voyais aucune raison de continuer.

J'ai commencé à me droguer et me suis engagé dans une vie *border line,* juste pour lui donner un semblant de signification. Je disais « oui » à tout ce que l'on me proposait, peu importait si c'était sombre ou dangereux. J'ai rejoint le monde de mes copains. Dans leur réalité, Dieu n'existait pas : nous étions les dieux. Mes amis et moi pensions que nous étions au-dessus de tout, y compris des lois. Nous vivions dangereusement et faisions tout ce qui nous passait par la tête.

Nous étions les pires adolescents possibles et imaginables.

Ma mère était très inquiète à mon sujet et a commencé à chercher un nouveau Maître, quelqu'un de vivant. Elle considérait qu'il était très important de trouver quelqu'un qui soit capable de nous conseiller et de nous guider.

En 2001, ses prières ont été entendues lorsqu'elle a vu une affiche annonçant la venue d'Amma. Elle s'est rendue au programme et elle est revenue tout excitée. « Amma est comme lui », nous a-t-elle dit. « Elle donne les mêmes enseignements et possède la même énergie. Vous devez venir la voir ! »

Mais mon cœur était fermé. Je ne voulais pas m'ouvrir à un nouveau guru ; c'était trop douloureux. J'ai refusé de me rendre au programme. L'année suivante, Amma est revenue. Je ne sais pas comment, ma mère a réussi à m'y traîner. J'ai refusé d'aller au darshan, mais je me suis assis et j'ai regardé Amma pendant des heures.

Je me sentais sale lorsque je la regardais et que je me souvenais de tout ce que je m'étais infligé. Je pouvais sentir sa grandeur spirituelle et je savais que je n'étais pas digne de recevoir son darshan.

Des gens vêtus de blanc ne cessaient de venir me voir et me posaient la même question embarrassante : « Avez-vous reçu le darshan ? » Ils m'exhortaient à m'y rendre mais je n'avais pas vraiment envie d'y aller. Je ne voulais pas aller dans les bras d'une dame indienne que je ne connaissais pas. Au bout de trois heures, j'ai compris que le seul moyen pour qu'ils me laissent tranquilles était d'aller au darshan.

Lorsqu'Amma m'a pris dans ses bras, j'ai fait l'expérience d'un trou noir, vide, infini. Ce n'était pas logique, mais cela a réveillé en moi un souvenir. Quand je méditais avec mon premier guru, j'avais souvent des méditations faites de vide, vaste et profond.

Le darshan d'Amma a fait office de pont, m'a relié à l'état dans lequel je me sentais en présence de mon guru : rempli de pureté immaculée et d'une innocence inconcevable. Ces souvenirs rassurants, chers à mon cœur, sont revenus en un instant.

J'avais la sensation qu'Amma avait nettoyé mon bagage karmique. Elle m'avait lavé. Je ne comprenais pas qui elle était, mais je commençais à me souvenir de ma propre plénitude.

Bien que ce premier darshan fût magnifique, cela n'a pas suffi à transformer ma vie. Les choses ont empiré et mes fréquentations aussi. Je me suis associé à des gens dont le seul but était la recherche du plaisir. Ils appartenaient à la plus sombre espèce et nous nous sommes lancés dans des activités criminelles.

J'ai commencé à réfléchir sur la direction que prenait ma vie : je glissais dans les ténèbres.

Une nuit, mes amis ont fait une énorme soirée sur un yacht. Ils s'étaient cruellement vengés de quelqu'un et avaient décidé de célébrer l'événement avec une montagne de drogues.

J'ai décidé que j'allais quitter cette planète. J'en avais assez de cette vie.

Je ne voulais plus ni rester avec ces gens-là ni mener une vie vide et dénuée de sens. Je voulais mettre un terme à tout cela. Je ne voyais pas d'autre issue et j'ai décidé de prendre une overdose.

Je suis descendu au fond du bateau. Nous étions au milieu de l'hiver.

Je me suis allongé sur le métal glacé et j'ai laissé le froid pénétrer à l'intérieur de mon corps. D'abord, mes orteils se sont engourdis, puis mes mollets. Lentement, le froid est monté. J'ai perdu toute sensation dans les mains et finalement, j'ai senti mon cœur se ralentir. Tout ce que je pouvais encore ressentir était un soupçon de conscience, niché dans un tout petit coin chaud de mon mental. Puis cela aussi s'est évanoui, et je suis parti.

Aussitôt, une lumière vive, étonnante, m'a entouré. C'était indescriptible et remplissait toutes les dimensions. J'ai ressenti une joie et un soulagement immenses. Je ne voulais rien d'autre que tout quitter et me fondre dans la Conscience universelle, cette lumière brillant de mille feux.

Alors que j'entrais plus profondément cette lumière, un visage est apparu, tout d'abord très petit, puis il a grandi jusqu'à prendre une taille humaine. Aux portes du trépas, mon premier guru était venu me saluer.

Lorsque je vivais dans son ashram, enfant, il me réveillait en agitant une petite cloche chaque matin et s'écriait : « Debout ! Debout ! C'est l'heure de se lever ! » Cette fois-ci, il a sonné la cloche et a dit : « Ce n'est pas l'heure maintenant ! Debout ! Debout ! »

Toute la lumière est revenue dans mon corps. J'ai bondi en me précipitant hors du bateau. Je n'avais qu'une seule pensée : « Je dois rentrer à la maison. Il faut que je rentre à la maison ! »

J'ai appelé ma mère et l'ai suppliée : « Je t'en prie, viens me chercher. » Il était trois heures du matin, mais ma mère a pris la voiture et a fait deux heures de route pour venir me chercher.

Je savais que je devais radicalement changer de mode de vie.

Amma est venue dans ma ville deux semaines plus tard.

Je voulais demander si je pouvais être utile à l'organisation d'Amma ou à ses œuvres caritatives, mais j'étais trop timide pour déranger qui que ce soit avec ma question stupide. En l'espace de deux minutes, j'ai rencontré quelqu'un qui (malgré mes objections) m'a traîné auprès d'Amma et lui a expliqué : « Amma, ce garçon veut nous aider. »

Amma m'a regardé avec beaucoup de douceur ; ses yeux brillaient. Elle a demandé : « Peux-tu venir en Inde ? » Je n'y avais jamais songé auparavant, mais je savais que c'était ma chance et qu'il fallait la saisir. C'était il y a onze ans.

Il est difficile d'évaluer les progrès spirituels que j'ai accomplis au fil des années, mais je peux au moins dire une chose : j'ai récemment rencontré un de mes anciens amis. Il est resté addict durant toutes les années que j'ai passées en Inde. Il a les mêmes amis et sa vie est restée la même qu'il y a onze ans. J'ai été sidéré de constater la détérioration de ses facultés : il n'était pas capable d'articuler normalement, son langage était incompréhensible, il ne cessait de s'agiter, de se gratter, et son mental était manifestement très agité. Il était à peine capable de fonctionner.

J'ai alors pris conscience…que j'aurais été dans le même état (si j'avais survécu assez longtemps).

Je vois à présent qu'une vie passée en présence d'un guru peut changer une destinée entière. Tel est le pouvoir d'une âme réalisée. Amma m'a gardé occupé par le seva pour que je n'aie pas le temps de muser sur des chemins qui ne mènent nulle part.

Finalement, je me sens à nouveau en paix et le désir de consommer des drogues est complètement absent. Amma est la plus grande bénédiction de ma vie. S'il s'était agi de qui que ce soit d'autre, de quoi que ce soit d'autre, je serais retombé dans le piège des vieilles habitudes.

L'amour d'Amma, le fait qu'elle me guide, m'ont soutenu et transformé. Elle crée une atmosphère, un environnement qui contient tout, qui nous comble, pareil à une chaude d'étreinte, si bien que nous n'avons besoin de rien d'autre. Je rends grâce à Amma chaque jour pour ce qu'elle est et ce qu'elle fait. Ce qu'on peut faire d'autre dans le monde fait pâle figure, comparé à une vie au service d'un tel être.

Amma a dit que les seules vibrations d'un environnement matérialiste suffisent à nous tirer vers le bas, c'est pourquoi il nous faut absolument suivre une discipline spirituelle. Des vagues de pensées et d'émotions viendront toujours se poser sur le rivage de notre mental, mais il s'agit de ne pas se laisser emporter par elles.

Lorsque nous nous efforçons de nous aligner avec Amma par le biais de pensées positives, d'actions remplies d'amour, et de prières, nous traçons notre voie vers le contentement. Elle est proche, mais ce qui importe est notre pensée : est-elle tournée vers elle ? Gardons-nous de laisser le mental sombrer dans la négativité, afin qu'elle puisse nous remplir de l'intérieur.

Nous n'accèderons à la véritable paix que lorsque nous regarderons à l'intérieur et mènerons une vie noble, dédiée au service d'autrui. Lorsque nous offrons notre vie au service, nous faisons du bien au monde qui nous entoure, et à nous-mêmes.

Chapitre 12

Guérison d'un traumatisme

Plus la douleur s'immisce profondément en ton être, plus ton être pourra contenir de joie.

– *Khalil Gibran*

Ma fille n'a aucune dévotion pour Amma et en vérité, elle ne l'apprécie même pas. Cela ne change rien au fait qu'Amma lui a sauvé la vie.

Ma fille avait seize ans et revenait à pied de l'école un après-midi, quand une voiture est arrivée à toute allure dans la rue et l'a percutée. Elle a fait un vol-plané et s'est écrasée violemment sur le béton. Elle a eu une fracture du fémur et une foule d'autres blessures, mais elle a survécu.

Comme la plupart des gens qui survivent à un traumatisme qui a mis en jeu le pronostic vital, elle a développé une série de symptômes liés au stress post-traumatique. Elle s'est mise à avoir des attaques de panique dès qu'elle traversait une rue, à manifester colère et agressivité, et elle était convaincue, comme beaucoup de personnes dans son cas, qu'elle mourrait jeune.

Après l'université, elle a fait une école de photojournalisme. Son projet était de se rendre dans un pays en guerre et de prendre des photos du « Processus de Paix ». Mais le problème avec les processus de paix, c'est qu'il faut d'abord trouver une guerre.

Elle disait souvent : « Vous savez, entre toutes les professions, c'est chez les photojournalistes que le taux d'enlèvements et de meurtres est le plus élevé. » Je pense qu'elle voulait juste voir ma réaction.

Lorsqu'on se retrouvait toutes les deux, elle me confiait qu'elle n'avait pas l'intention de vivre au-delà de la cinquantaine, et je pense qu'elle ne souhaitait pas vraiment fonder une famille. Son projet était de voyager et de prendre des photos jusqu'à ce qu'elle se fasse kidnapper ou tuer. Ce n'était pas vraiment un projet, mais pour elle c'était une sorte d'idéal romanesque. Je ne partageais absolument pas sa vision.

Après l'obtention de son diplôme, sa première destination a été l'Inde. Elle est venue me rendre visite à Amritapuri, et prendre des photos d'un festival à Varanasi. De là, elle avait l'intention de chercher une guerre à photographier.

Je dois reconnaitre que je n'étais pas très tendre avec elle. Ses projets m'inquiétaient et je passais mon temps à la harceler. « Regarde les bébés, ils sont tellement mignons, lui disais-je. Tu ne crois pas que tu emploierais mieux ton temps à faire des portraits ? »

Elle voulait simplement passer de bons moments entre mère et fille, mais dès que nous retrouvions ensemble, ses mauvaises idées m'inquiétaient tellement que nous finissions par nous disputer.

La seule chose que je faisais de bien, c'était de prier pour elle constamment. Mon mantra est devenu : « Je t'en prie Amma, prends le cœur de ma fille. Je t'en prie, prends son cœur. » Cette prière remplissait tout mon être. Ma fille n'avait jamais été une dévote mais au fond de mon cœur, je souhaitais désespérément qu'Amma reconnaisse ma petite fille comme la sienne.

Puis Amma est partie pour le Tour du Sud de l'Inde. Je suis rentrée aux États-Unis et ma fille est restée seule à l'ashram. Bien sûr, personne n'est jamais vraiment seul à l'ashram. Amma a dit clairement que l'ashram lui-même est comme son propre corps.

Quelques jours plus tard, quelque chose d'inexplicable est arrivé : alors qu'elle était allongée sur son lit un après-midi après sa méditation, ma fille a senti une force sombre et épaisse jaillir de son cœur, et la quitter. Comme si des années de traumatisme venaient juste de s'envoler. Je ne connais pas tous les détails de cette expérience mais je sais qu'après cela, elle n'a plus jamais été la même.

Quand elle est rentrée deux semaines plus tard, son visage était clair et lumineux, comme lorsqu'elle était enfant. Non seulement son acné avait disparu, mais son visage lui-même était complètement détendu, comme si sa souffrance s'était volatilisée. Les gens lui disaient : « On dirait que tu as perdu dix kilos ! » Mais il ne s'agissait pas d'un poids physique : c'était émotionnel et spirituel.

Tout à coup, notre relation est devenue complètement différente. Les luttes ont pris fin et c'était comme si, pour la première fois depuis des années, nous parlions enfin la même langue.

Peu de temps après, elle a trouvé un stage de journalisme dans une zone de guerre et elle a décollé. Dès qu'une bombe tombait, elle demandait la permission de se rendre sur place afin de couvrir la destruction. Elle m'appelait chaque fois en feignant la déception ; son patron refusait toutes ses demandes (il ne pensait pas qu'il soit raisonnable de confier la mission la plus dangereuse à une jeune femme, en l'occurrence la moins expérimentée de l'équipe !).

Au bout de six mois seulement dans le stage de ses rêves, elle a décidé de passer à autre chose. C'est alors que j'ai pris conscience que quelque chose avait changé en profondeur. Elle n'avait plus le cœur à l'ouvrage. Elle était préoccupée par son amour naissant pour Dieu.

Rentrée à la maison, elle s'est mise à passer beaucoup de temps avec le groupe de jeunes de l'Eglise Evangélique locale. Quand elle n'était pas engagée dans les actions bénévoles de l'Eglise, on la voyait lire la Bible ou des livres parlant de Jésus. Elle était décidée à s'instruire autant que possible sur la spiritualité et la religion. C'était un retournement complet. Jamais auparavant elle n'avait manifesté le moindre intérêt pour Dieu. Elle avait toujours été une artiste, athée et en colère ; mais voilà qu'elle était différente.

Pendant quelques mois, peut-être un an, ma fille a pratiqué la méditation IAM sur le toit de son église. Elle portait toujours le mala qu'elle avait acheté à Amritapuri. Elle m'a expliqué que c'était pour se souvenir toujours de son miracle. Mais petit à petit le temps a passé, elle a oublié Amma et le mala a été mis de côté.

Elle a soudain décrété que c'était « Dieu » qui l'avait guérie. Dans son esprit, sa guérison n'avait plus rien à voir avec « cette femme indienne ». De plus en plus profondément engagée dans la tradition chrétienne, elle a rejeté tout lien avec Amma. Elle a cessé de croire aux gurus.

Aujourd'hui, même si je la suppliais, je ne parviendrais pas à l'emmener voir Amma ou un ashram. J'essaie de lui expliquer qu'Amma et Jésus sont une seule et même chose, mais elle est toujours aussi têtue et ne veut rien entendre.

Grâce à Amma, ma fille est devenue très religieuse. Elle s'est mariée et vit avec son époux en banlieue dans un quartier sûr. Elle ne rêve plus de se faire kidnapper ou tuer et a abandonné ses projets de photographie en zones de guerre. Son appareil photo a désormais trouvé une nouvelle vie, très occupé à immortaliser les visages de ses trois magnifiques enfants.

Amma savait bien en guérissant le cœur de ma fille qu'elle ne deviendrait jamais hindoue ou dévote d'Amma. Ce n'était pas cela le plus important. Elle est une dévote du Christ, et cela est plus que suffisant.

Amma a fait ce dont je n'aurais jamais été capable : elle a guéri notre enfant de l'intérieur. Qu'elle soit ou non reconnue, remerciée ou louée, je suis totalement sûre qu'Amma nous aime pleinement et inconditionnellement. Le véritable amour maternel ne souhaite que le bonheur et le bien-être de tous les enfants.

Grâce à Amma, ma fille a réellement eu une « Nouvelle Naissance ».

Amma perçoit le monde entier comme une famille et nous voit tous comme des enfants de Dieu. Pour elle, il n'y a pas de différence entre ceux qui chérissent sa forme et ceux qui ne l'aiment pas. Les jugements qui divisent n'existent pas dans son mental. Alors que nous utilisons nos différences les uns contre les autres, créant des conflits et des guerres, Amma fait fondre toutes ces différences intangibles et les transforme en une rivière d'Amour unifiée.

Parfois, j'ai l'impression qu'Amma ressemble à un IRM puissant. Elle voit clairement à l'intérieur de nous, elle fait fi de nos fragilités, de nos attachements et de nos négativités pour se concentrer sur la bonté qui demeure en chaque cœur. Elle sait exactement ce dont nous avons besoin, et lorsque nous venons recevoir son étreinte, elle nous remplit et fait de nous à nouveau des êtres complets. Elle nous délivre silencieusement des lourds fardeaux que nous avons portés des années durant (même parfois plusieurs vies).

Amma ne juge jamais nos croyances, que nous soyons religieux, spirituels ou tournés vers les plaisirs du monde. Son seul désir est notre guérison complète : nous rendre heureux lorsque nous sommes tristes, partager la joie de nos rires, et essuyer la tristesse de nos larmes.

Chapitre 13

Trouver Durga à l'intérieur

> *De la souffrance ont émergé les âmes les plus fortes ; les caractères les mieux trempés sont marqués de cicatrices.*
>
> – *Khalil Gibran*

Je suis née en Amérique de parents très aimants et spirituels. Mon père avait été moine pendant sept ans et ma mère était professeur de méditation. Ils avaient tous deux beaucoup de dévotion envers Dieu et m'ont élevée avec énormément d'amour.

J'ai eu une enfance pure, pleine de joie et très entourée mais quand j'ai eu dix-huit ans, tout a changé. Je suis tombée amoureuse d'un homme qui avait vingt ans de plus que moi. Il avait du magnétisme et du charisme, et je l'ai cru très spirituel. Il parlait en effet beaucoup de spiritualité. Trois semaines après notre rencontre, nous nous sommes mariés.

Mes parents étaient contre ce mariage et n'avaient pas donné leur accord. C'était la première fois que j'agissais contre leur volonté et ce fut la pire erreur de ma vie.

Mon mari était incroyablement autoritaire et violent. Il m'a forcée à couper le contact avec mes amis et ma famille. Il menaçait souvent de me faire jeter en prison. Parfois, il menaçait même de me tuer. Il m'avait lavé le cerveau à tel point que je pensais que tous nos problèmes étaient de ma faute, et il me rappelait sans cesse que j'étais une horrible personne. Je le croyais.

Je n'avais pas le droit d'aller me promener sans sa permission. S'il se rendait compte que j'avais parlé à quelqu'un, au téléphone ou en personne, sans sa permission explicite, je recevais une raclée le soir-même. Je vivais dans une terreur constante.

Trois mois après notre mariage, j'ai décidé de le quitter. C'est alors que je me suis rendu compte que j'étais enceinte. Cela fut le jour le plus sombre de ma vie. Mon enfance avait été très belle mais je savais que je ne pourrais pas faire le même cadeau à mon enfant. J'ai hésité à prendre la décision, mais au final j'ai décidé de rester.

J'ai commencé à faire quelques pratiques spirituelles pour me remonter, mais c'était très difficile. Chaque fois que je commençais à aller mieux, il me tirait à nouveau vers le bas. Peu après la naissance de ma fille, mon mari nous a emmenés dans l'Oklahoma, loin de toutes mes connaissances. Chaque fois que je faisais quelque chose qui lui déplaisait, il menaçait d'appeler la police et de m'enlever ma fille.

J'ai pris mon courage à deux mains et j'ai en secret envoyé un e-mail à ma mère. Elle m'a dit qu'elle avait rencontré Amma et qu'elle allait m'envoyer une image en noir et blanc dans sa prochaine lettre.

Le petit bout de papier qui est arrivé était une photocopie d'une photo d'Amma. Je l'ai collée sur mon mur. Chaque jour, je la regardais et je pleurais. Il y avait un petit mantra inscrit en bas de la photo, et ce mantra est devenu mon mantra. Je le chantais sans cesse, offrant tout le chagrin de mon cœur à cette petite photo.

Quand j'ai commencé à prier Amma, j'ai senti que je devenais de plus en plus forte. Un jour (je ne sais pas ce qui m'a traversé l'esprit), j'ai exigé le déménagement. J'ai dit à mon mari que je quittais

Oklahoma et que je prenais notre fille avec moi. Il avait le choix de nous suivre ou non, mais nous partions.

La force dont j'ai fait preuve à ce moment l'a choqué. Il a cédé et nous avons déménagé. Malgré cela, j'acceptais encore toutes les horreurs qu'il proférait : j'étais convaincue d'être la coupable.

Une fois rentrée dans ma région d'origine, j'ai su comment me débrouiller. J'avais des amis et de la famille, et j'ai obtenu en secret un travail. Mais je m'accrochais encore à la petite photo en noir et blanc ; elle guidait ma vie.

Quand j'ai appris qu'Amma venait en Amérique, j'ai su que je devais la rencontrer. Une force surprenante s'est encore une fois emparée de moi et j'ai insisté pour que nous allions la voir.

Quand nous sommes entrés dans la salle du programme, j'ai senti que j'avais trouvé le véritable but de ma vie. A partir de ce moment-là, mon seul désir a été de consacrer ma vie au service des autres.

J'avais déjà développé une relation si intime avec Amma, par le biais de sa photo, que le fait de la rencontrer en personne s'est avéré extrêmement puissant.

Mon mari et moi avons essayé d'aller au darshan en tant que famille, mais les personnes autour d'Amma ne nous l'ont pas permis. Elles ne cessaient de nous séparer. Quand je suis finalement passée au darshan, j'étais seule. Ce fut très intense. Je criais à l'intérieur de moi « Mère, je veux la liberté ! Je veux Dieu ! » Amma m'a prise par les épaules et m'a regardée droit dans les yeux : « OK » a-t-elle dit.

Après le darshan, je n'ai pas réussi à retrouver mon mari pendant un long moment, mais ce n'était pas grave. Quelque chose avait changé à l'intérieur de moi… J'en avais terminé.

A partir de ce moment, j'ai prié « Amma, s'il te plaît, prends-moi. Prends-moi maintenant. » Je ne savais pas ce qui allait se passer, mais j'étais convaincue qu'elle me sauverait d'une manière ou une autre.

Je suis ensuite devenue beaucoup plus indépendante. J'ai arrêté d'accorder du crédit aux petits jeux malsains de mon époux. J'ai quitté la chambre conjugale et me suis installée dans une autre pièce, et j'ai parlé à mon mari de mon travail secret. Je lui ai même parlé de la voiture que j'avais achetée. (Je la cachais en bas de la route pour qu'il ne s'en rende pas compte).

Face à ma force grandissante, sa violence a éclaté en public. Nos disputes sont devenues tellement violentes et bruyantes que les voisins ont demandé si j'avais besoin d'aide. Un jour, notre dispute a pris une ampleur telle qu'au moment où il claquait la porte pour partir, une voisine a sonné chez nous et m'a demandé si je voulais qu'elle me conduise dans un refuge pour femmes. Je l'ai remerciée et je lui ai dit que ce n'était pas nécessaire. Je partais. J'ai fait un sac pour ma fille, un pour moi et nous avons pris la voiture.

Amma m'a donné la force de partir. Le fait de prier et de savoir qu'elle était toujours là, avec moi, m'a donné la force dont j'avais besoin.

Aujourd'hui, j'ai la réputation d'être une femme extrêmement forte et efficace. Amma m'a donné cette force. Avant de la connaître, j'étais soumise, je parlais doucement, et j'étais trop timide pour monter sur une scène. Je n'étais même pas capable de chanter dans la chorale de mon quartier car ma voix aurait pu se briser d'anxiété. J'ai laissé mon mari me torturer et m'insulter parce que j'avais trop peur pour résister, me défendre ou partir.

Amma a fait jaillir en moi une immense réserve de force, de courage et de sang-froid dont j'ignorais totalement l'existence. Aujourd'hui, je dirige une association bénévole et je fais des conférences dans tout le pays. Je donne des cours et j'organise des programmes pour des centaines de personnes. Grâce à Amma, j'ai pu employer ma vie à servir une bonne cause.

Amma voit les joyaux précieux cachés à l'intérieur de nous et les amène à la lumière. Elle les taille, les travaille et les polit jusqu'à ce qu'ils brillent de tous leurs feux. Aujourd'hui je n'ai plus peur. C'est un diamant qu'Amma a fait sortir de mon cœur. Amma est ma force et la lumière qui me guide. Elle est la Durga Dévi invincible à l'intérieur de moi.

Lorsque nous sommes confrontés à d'énormes difficultés, cela nous semble souvent injuste. Mais quels que soient les problèmes que nous rencontrons, essayons de les surmonter et d'atteindre un certain degré d'équanimité. Si nous y parvenons, nous deviendrons pareils à la fleur de lotus qui surgit, haute et robuste, au milieu de la boue.

Nous apprenons davantage des difficultés lorsque nous les considérons comme des défis qui nous permettent de grandir et de rendre notre mental fort et pur. Amma nous rappelle que l'acier le meilleur et le plus solide est fabriqué dans la forge la plus brûlante. Les épreuves et les expériences douloureuses ne nous sont pas envoyées pour nous punir ou nous détruire, mais au contraire pour nous obliger à découvrir notre véritable potentiel. Des trésors cachés sont enfouis au plus profond de chacun de nous. Heureusement pour nous, Amma voit à travers nos souffrances et nos peurs et nous aide à découvrir les richesses inestimables que nous transportons toujours avec nous.

Avec la grâce divine, tout karma douloureux qu'il nous faut endurer peut devenir une précieuse leçon de vie. Lorsque nous apprenons à nous abandonner à un pouvoir supérieur, nous devenons puissants, courageux, et ouverts à la transformation. Le voile se soulève un peu, et nous sommes en mesure de voir la beauté cachée qui repose sous la surface.

Nous sommes les seuls responsables des situations auxquelles nous nous retrouvons confrontés ; elles sont le résultat de nos choix et de notre karma. Heureusement, le Divin nous rend toujours notre dû de la plus belle manière : en nous plaçant dans les situations parfaites pour grandir. Il s'agit d'une vérité parfois très douloureuse à accepter, mais quand nous sommes capables d'accepter les situations avec clarté et compréhension, nous sommes en mesure d'acquérir une paix profonde et au final, il se produit en nous de belles transformations.

Soyez forts. Les nœuds serrés du karma sont difficiles à supporter, mais avec du temps, de la patience, du courage et une compréhension adéquate, ils se déferont d'eux-mêmes et nous libèreront.

Chapitre 14

Choisir la vie

La foi consiste à monter la première marche, même lorsque l'on ne voit pas l'escalier tout entier.

– Martin Luther King, Jr.

Avant de rencontrer Amma, je ne cessais d'entrer et de sortir de l'hôpital psychiatrique. Mon seul réconfort était l'idée du suicide. J'ignore si je voulais vraiment passer à l'acte mais cela me semblait souvent la meilleure option. J'ai fait quelques tentatives sérieuses, mais le Divin est toujours intervenu et j'ai survécu.

Honnêtement, j'ignorais le sens de l'expression « se sentir bien ». Chaque fois que quelque chose de bien m'arrivait, je le sabotais. J'ai été acceptée dans une des meilleures universités du pays ; j'ai été renvoyée. Je ne pouvais pas garder un travail, je me faisais systématiquement mettre en invalidité. Je me haïssais moi-même et je haïssais la vie.

Je ne parvenais même pas à trouver un psychologue ou un psychiatre prêt à travailler avec moi. Les thérapeutes ne me supportaient pas ; j'étais trop intense pour eux, du moins c'est ce qu'ils me disaient. Ils finissaient toujours par me « virer ».

J'ai passé quelques temps en prison, et même ma mère n'a pas voulu payer la caution pour me sortir de là. Comme je n'étais pas capable de plaider ma cause à la cour, mon cas a été déféré au tribunal psychiatrique. De là j'ai été envoyée dans un hôpital psychiatrique (une fois encore). Mais même à l'hôpital, personne ne voulait de moi.

Je suis allée au meilleur hôpital de la région. J'avais les bons papiers et la bonne assurance. C'était mon dernier espoir. Mais ils ne m'ont pas acceptée. Un seul regard, et le docteur chargé de l'admission a déclaré « Laissez tomber. Compte tenu des circonstances, allez à l'hôpital public. »

Personne ne savait quoi faire de moi, et moi non plus. J'avais vraiment l'impression d'être moins que rien.

A vrai dire, j'appréciais mon séjour à l'hôpital et je ne voulais pas partir. Ils me nourrissaient et m'administraient des médicaments. Grâce à cela, j'avais une routine. C'était plus que je ne pouvais faire pour moi-même.

Ma meilleure amie était toujours inquiète à mon sujet. Elle a insisté pour que je rencontre son oncle. Je n'en avais pas envie. « Que va-t-il faire ? » demandais-je. « Un horrible monsieur de plus. » Mais elle a persévéré.

Lorsque je l'ai enfin rencontré, il ne voulait parler que d'Amma. Je me disais : « Oui, c'est ça !…Une sainte va me sauver. Pourquoi devrais-je y croire ? »

Il continuait de parler et moi de lever les yeux au ciel. Mais d'une certaine manière, ses paroles ont commencé à faire leur effet. Qu'avais-je à perdre ? Une petite partie de moi était curieuse, et même intriguée.

Quelques jours plus tard, je suis tombée sur une brochure qui annonçait : « Venez découvrir Mata Amritanandamayi ». N'était-ce pas une coïncidence ? C'était la même Amma que celle dont l'oncle de mon amie me parlait, alors je me suis rendue à la causerie. Mais je restais sur mes gardes, tout cela me semblait suspect.

Finalement, j'ai décidé d'aller à l'ashram d'Amma à côté de chez moi, par curiosité, mais surtout parce que je n'avais rien d'autre à faire. Amma n'était pas là à ce moment-là mais j'ai aimé la communauté, et j'ai commencé à devenir une habituée des satsangs.

Quelques mois plus tard, Amma est venue aux Etats-Unis, et j'ai décidé de rencontrer cette femme. Tous les gens que je connaissais ne pensaient qu'à elle. J'ai pris un vol pour Seattle, comme eux. Mes amis ne cessaient de me demander : « Alors, comment se passe ta première expérience ? Est-ce que tu te sens bien ? »

J'ai tout détesté en bloc.

Souriant, les dents serrées, j'ai menti : « Oh c'est merveilleux ! J'adore ! »

Je souriais et riais à l'extérieur, je dupais tout le monde sauf moi-même. Ma seule pensée était : « Je dois me sortir de là. Je déteste cet endroit…Je veux rentrer ! »

Mon amie insistait pour que je prenne un mantra. Chaque fois que je la voyais, comme un disque rayé, elle me posait la même question : « Pourquoi ne demandes-tu pas un mantra ? » Elle ne parlait de rien d'autre. Avec réticence, j'ai fini par accepter. Au moins, elle me ficherait la paix.

A la fin du programme, j'attendais sur le balcon, en haut, prête à partir. Je me souviens m'être penchée sur la rampe, détestant ma vie : je voulais mourir.

Encore une fois, la vieille question familière a surgi à mon esprit « Pourquoi ne mets-tu pas fin à tes jours ? »

Venu d'on ne sait où, mon mantra s'est insinué dans mon esprit et s'est mis à effacer les pensées négatives, une par une. Je ne savais même pas comment prononcer le mantra correctement, mais il était là, se répétant sans fin dans mon esprit. Je sentais la présence d'Amma près de moi, qui me soutenait.

Une fois rentrée chez moi, je me suis plongée dans le seva. Même si mon mental me disait que je détestais tout ce qui concernait Amma, quelque part, il y avait un appel auquel je ne pouvais résister. Je me suis retrouvée à faire de nombreuses heures de seva pour préparer la venue d'Amma dans notre ville. Des semaines durant, je suis restée totalement immergée dans les pratiques spirituelles, faisant du seva et répétant mon mantra encore et toujours. Ne vous y méprenez pas : la dépression était toujours présente et je ne comprenais toujours pas ce que je faisais ni pourquoi. Mais malgré tout, j'étais irrésistiblement attirée par le seva et la récitation du mantra.

Lentement, ma haine et ma colère ont diminué.

Plusieurs années (et un nombre infini de hauts et de bas) plus tard, une dévote m'a amenée auprès d'Amma ; elle m'a littéralement traînée auprès d'elle. Elle me tenait fermement par le bras et m'a tirée à côté de son fauteuil. Je ne voulais pas, mais mon amie ne m'a pas lâchée avant de m'avoir placée juste à côté d'Amma.

Elles ont parlé quelques minutes et Amma m'a dit par l'intermédiaire d'un traducteur : « Tu dois écouter les docteurs et continuer de prendre des médicaments. Sinon, la police va venir t'embarquer. » C'était tout ce qu'elle avait à dire. Je ne croyais pas aux médicaments. Quand je n'étais pas à l'hôpital ou obligée par la justice de les prendre, ils se retrouvaient toujours à la poubelle, malgré les prescriptions du médecin. Mais dès l'instant où Amma a prononcé le mot « police », j'ai su que je devais l'écouter. J'étais terrifiée à l'idée de retourner en prison.

A la fin du programme, quand Amma est montée dans sa voiture, j'ai appelé « Amma, Amma…Je veux voyager avec toi dans le camping car. » Je ne savais pas si elle m'entendait. « AMMA ! » me suis-je écriée. Tout le monde me fixait.

Amma s'est retournée.

Elle m'a regardée avec ces yeux…un regard qui signifiait : « Ah ah. Tu veux faire le trajet avec moi ? » Puis elle m'a regardée droit dans les yeux et a dit très sérieusement : « Prends les médicaments. Prends les médicaments ! »

Dès que je suis rentrée chez moi, j'ai appelé les docteurs et j'ai dit ce que je n'aurais jamais cru dire de ma vie : « J'ai besoin de médicaments ! Prescrivez-moi des médicaments ! J'en ai besoin maintenant ! »

Avec l'influence d'Amma, doucement, ma vie s'est transformée. Aujourd'hui, je travaille avec la plus merveilleuse des thérapeutes. Elle sait comment me prendre, même les jours difficiles ; c'est une dévote et Amma est à la base de notre relation. J'ai repris des études et pour la première fois, je prends ma vie en main.

Je me souviens que lors du tout premier programme auquel je me suis rendue à Seattle, Amma avait dit « Priez pour obtenir la grâce, même si la prière ne vient pas spontanément. Souvenez-vous toujours que Dieu et le guru prendront soin de vous, peu importe votre état. » Je ne l'avais pas totalement crue à l'époque. Malgré cela, je me suis mise à prier pour sa grâce sans cesse, priant pour qu'elle s'occupe de moi, qu'elle veille sur moi. Je n'ai pas d'explication. C'est peut-être que j'étais désespérée…Rien d'autre n'a jamais fonctionné, mais cela, oui.

Par le passé, j'avais énormément de colère et de haine envers moi-même. Mais aujourd'hui, j'ai appris à faire confiance. Je sais qu'Amma est toujours avec moi, et je sais qu'elle ne me laissera jamais seule. Elle m'aime et prend soin de moi.

C'est seulement quand on laisse tomber toutes les étiquettes que l'on peut voir la véritable nature d'Amma : l'amour pur et la compassion. Quand vous ignorez ce que sont l'amour et la compassion, ils sont parfois difficiles à recevoir. Croyez-moi, j'en sais quelque chose.

Avant de rencontrer Amma, j'étais complètement perdue, cassée, seule. Je n'avais personne et je voulais me suicider. Amma a tout changé.

J'ai encore des jours difficiles, beaucoup même, mais pour la première fois, je sais que je suis digne de vivre. Pendant des années, la seule chose qui me réconfortait était l'idée du suicide. A présent, cela n'est même plus envisageable. Amma m'apprend à vivre.

Bien trop souvent, nous vivons comme des prisonniers, coincés dans un monde fermé que nous avons créé. Nous voulons rendre notre entourage, d'autres personnes, et même Dieu responsables de nos ennuis, mais en réalité ce sont nos actions passées et notre attitude intérieure qui nous ont menés là où nous en sommes.

Nous finissons piégés dans une toile d'araignée gluante, tissée par la répétition de nos mauvaises habitudes. Lorsque nous sommes coincés de cette manière, il semble presque impossible de retrouver la liberté. Amma détient toutefois la solution secrète capable de dissoudre la toile, de dénouer nos liens…et de nous libérer.

Quelles que soient les circonstances, chacun perçoit le monde à sa façon, totalement différente. La plupart d'entre nous fondons nos décisions et jugements sur nos pensées et nos émotions, qui changent souvent. Elles ne cessent de nous traverser et nous empêchent ainsi de voir clairement la réalité. Mais Amma ne vit pas ainsi ; sa vision est toujours claire.

Quelqu'un qui a accédé au pur état de réalisation divine est libre de la tourmente perpétuellement changeante des pensées et des émotions. La clarté et la vision pure l'habitent ; elles prennent leur source dans la sagesse intérieure. Un tel être est continuellement relié au Divin.

Amma dit que le seul moyen pour le monde de guérir est le pouvoir de l'amour. Et c'est pourquoi elle est là, sous cette forme. L'amour d'Amma est toujours avec nous ...Gardons simplement à l'esprit que son amour n'est qu'à une pensée de distance. La présence d'Amma est le plus grand cadeau que Dieu fait à notre monde en souffrance.

Chapitre 15

Choisir la lumière

Rien n'est plus doux ni plus souple que l'eau, mais rien ne peut y résister.

Lao Tseu

Je suis arrivé à Amritapuri le jour de Noël, en 2007, à une heure trente du matin. On m'a donné une chambre dans le temple et je me suis couché à deux heures du matin. Je n'avais jamais rencontré Amma avant, mais cette nuit-là j'ai rêvé que je recevais son darshan. C'était complètement réel. Elle m'a accueilli et a relié nos deux cœurs. Elle m'a donné des conseils dont je me souviens encore et ensuite, alors qu'elle m'étreignait encore, je me suis réveillé.

Il était cinq heures du matin. L'archana, la récitation des mille noms de la Mère divine, avait commencé. Des mantras résonnaient dans tout l'ashram. Je pouvais entendre les hommes chanter dans le hall du darshan et les femmes dans le temple. Je me suis précipité hors du lit et j'ai descendu les escaliers en courant.

C'était le jour de Noël à Amritapuri, et j'avais l'impression d'être un enfant dans une ère de jeux. L'endroit tout entier semblait enchanté. Je n'avais dormi que trois heures, mais je me sentais plein d'énergie et d'enthousiasme. J'ai reçu mon premier darshan, et ce fut véritablement le Noël le plus magique de mon existence.

La nuit suivante, je n'ai pas réussi à dormir. J'étais plein d'énergie et je suis parti explorer l'ashram à trois heures du matin. Alors que je longeais la scène (qui était un espace clos), j'ai entendu de la musique et j'ai ouvert la porte pour voir ce qui se passait. Amma était là, en train de chanter les bhajans, entourée d'une vingtaine de personnes.

Je me suis joint à cette séance de bhajans privilégiée. Amma répétait toujours le même chant. Cela sonnait comme une berceuse. Je commençais à sombrer dans le sommeil lorsqu'une tape énergique m'a soudain réveillé. Tout le monde dans la pièce me fixait, y compris la Mère divine. Me regardant droit dans les yeux, Amma m'a dit avec force : « Réveille-toi mon fils, réveille-toi ». La symbolique de ses mots a laissé en moi une forte empreinte.

Avant de rencontrer Amma, j'avais tout ce que je désirais : une jolie petite amie, un appartement, une voiture, un canapé en cuir, une télévision haute définition. J'aimais mon travail. Je vivais dans une belle ville et j'avais un chien adorable. Je cherchais à combler mes désirs, consommais de temps en temps de la drogue, et je cherchais ce que considérais comme le bonheur. Je possédais tous les biens matériels, mais je ne trouvais pas la satisfaction que je recherchais au tréfonds de moi-même.

Je suis rentré en Occident après ce Noël et j'ai repris ma vie là où je l'avais laissée en partant. J'ai continué à me rapprocher lentement d'Amma, je lui rendais visite quand je le pouvais et j'ai commencé à faire quelques pratiques spirituelles (de temps en temps), mais rien d'autre ne changeait vraiment.

Quelques années plus tard, Amma est revenue dans un de mes rêves. Elle me tenait dans une main. J'étais debout à côté de ma petite amie et nous avions un enfant. Dans son autre main, j'étais assis en méditation, dans la posture du lotus, baignant totalement dans la lumière. Elle m'a regardé et s'est exclamée : « CHOISIS ». La puissance de ses paroles m'a réveillé.

Le message était clair : souhaites-tu une vie de famille avec la maison de tes rêves ou veux-tu être entouré de lumière divine ? J'ai quitté ma copine, vendu mon appartement, et j'ai déménagé en Inde.

Les années suivantes ont été les plus incroyables de ma vie : être en présence d'Amma, voyager avec elle, fréquenter des êtres remplis de dévotion. Je me sens relié à mon Soi réel, à ce que je suis vraiment, au-delà de l'ego.

J'ai toujours été une personne joyeuse, un amateur de plaisir, mais dans le passé mon bonheur dépendait toujours de choses extérieures : l'écran géant, la voiture clinquante, la jolie femme. A présent, je ressens cette joie profonde à l'intérieur de moi, toujours présente. C'est une présence, une satisfaction profonde qui n'exige pas de chercher autre chose que ce qui est déjà en moi.

La plupart des gens ignorent comment trouver le vrai bonheur. Comme eux, j'ai cherché le bonheur dans des circonstances extérieures, mais à la fin, je me suis toujours senti vide, triste, et insatisfait. Je n'étais pas heureux de ce que j'étais.

Maintenant, ma vie tout entière est devenue le « Prasad du guru ». Quelle que soit la situation que je traverse, les hauts et les bas, je reçois tout comme un cadeau. Pour la première fois, je me sens à l'aise avec la solitude. Je ne cherche plus rien d'autre que Dieu. Elle est Celle que j'ai toujours ardemment recherchée.

J'ai la sensation que je dois mon existence entièrement à la grâce de Dieu. Je suis reconnaissant lorsque je me réveille chaque matin. Pour la première fois de ma vie, je suis pleinement satisfait. C'est merveilleux de se sentir ainsi : joyeux du simple fait d'être vivant.

Lorsqu'Amma voit des dévots qui comprennent véritablement les inconvénients du matérialisme, ses yeux rayonnent de fierté. Elle dit : « Mes enfants ont brisé leurs chaînes. Leur seul désir consiste à travailler avec désintéressement pour le bien d'autrui et, grâce à cela, ils obtiendront la plus grande richesse imaginable : la paix intérieure. »

Il est enthousiasmant de penser que l'on peut réellement transcender les tentations de la Maya (l'illusion). Elle nous attire de façon doucereuse vers le luxe, la renommée, la gloire, mais lorsque nous cédons à ses tentations, elle se retourne vicieusement contre nous et nous enchaîne à la souffrance.

Il est important de suivre le dharma et d'avoir le sens de ses responsabilités dans les domaines du travail et de la famille, mais souvenons-nous toujours que ces choses-là ne nous apporteront jamais un bonheur permanent. La société exerce une pression sur les jeunes, elle les incite à se marier et à avoir des enfants, en leur faisant croire que leurs vies seront ensuite parfaites. Mais lorsque les couples manquent de maturité et de patience, ils se disputent et sont malheureux ; alors ils se séparent et la famille est coupée en deux.

Les enfants grandissent, et répètent les comportements erronés qu'ils ont appris de leurs parents. Et le cycle se répète. Le rêve parfait que nous imaginons n'existe pas en ce monde.

Peu importe que nous choisissions une vie d'ashram ou une vie de famille, dans les deux cas, la vérité est la même : seule une vie enracinée dans un bon système de valeur nous apportera le contentement dont nous rêvons. Pour être réellement comblé, il est nécessaire de vivre conformément à des principes nobles, supérieurs.

Chapitre 16

Le véritable yoga

*La blessure est la fenêtre par
laquelle entre la lumière.*

– *Rumi*

J'étais debout sur mon balcon, en train de fumer une cigarette, quand soudain le balcon s'est effondré sous mes pieds. En l'espace d'une seconde, ma vie s'est littéralement dérobée sous moi.

J'avais très bien réussi dans la vie. Mère célibataire, j'avais accédé à un niveau très confortable de sécurité financière. Ma vie était remplie de sens et de grâce, et pourtant j'éprouvais de l'aversion envers tout ce qui touchait à la spiritualité, les pratiques comme les enseignements.

Puis en un instant, je me suis retrouvée dans le service d'orthopédie d'un hôpital, avec un docteur près de mon lit, qui me montrait une collection de radiographies : le pelvis cassé en de nombreux endroits, le sacrum fracturé, plusieurs blessures à la moelle épinière. J'avais les mains et les pieds cassés. Ma vie parfaite était brisée.

Un dos cassé est un dos cassé, quel que soit le nombre d'avis médicaux que l'on reçoit. J'avais une blessure rare et très douloureuse à la moelle épinière, au niveau du sacrum. C'était si grave qu'il suffisait que quelqu'un effleure le bord de mon lit, pour que mon corps tout entier se torde de douleur.

Avant cet accident, j'étais distante, je ne fréquentais guère les autres. Après tout, j'étais la conseillère en stratégie d'une grosse entreprise, très importante ; mais en un instant, mes ambitions se sont écrasées au sol et je suis redescendue dans la réalité.

Rien que pour survivre, j'ai dû forcer mon cœur à s'ouvrir aux infirmières et aux employés de l'hôpital. Aucune somme d'argent ne pouvait faire en sorte qu'il leur importe de ne pas me faire souffrir pendant les soins. Aucune stratégie ne me permettait d'avoir une meilleure infirmière.

Mon rétablissement semblait sans espoir. Rien de ce que faisaient les médecins ne diminuait la douleur, rien non plus ne m'aidait à bouger.

Finalement, je me suis rendu compte que je pouvais bouger très légèrement si je restais tranquille, calme et détachée. La seule manière d'y parvenir était de changer le rythme de ma respiration. Si je ralentissais mon souffle, je pouvais ralentir mon corps et réduire la douleur.

Quand je restais dans cette vigilance consciente et que je dirigeais ma respiration, mon corps me répondait. Je me suis constitué mes propres petites techniques de respiration. Quand je m'en servais, je pouvais sentir mes orteils. Quand ma concentration, cette *dharana* (focalisation) se brisait, la douleur revenait aussitôt.

Comme je n'avais pas l'intention de finir mes jours dans un lit d'hôpital ou sur un fauteuil roulant, j'ai appliqué les pratiques que j'avais inventées plusieurs fois par jour. Les résultats furent remarquables ; j'ai commencé à guérir incroyablement vite.

Plus le personnel voyait ma motivation, plus il essayait de m'aider. Quand les autres patients ont vu les résultats de mes pratiques, ils ont demandé : « Hé, que fais-tu ? Est-ce qu'on peut faire la même chose ? » Bientôt le service tout entier était occupé à respirer et à bouger son corps. Nous apprenions à nous auto-guérir.

Il y avait une femme dans le service, une très belle femme noire originaire d'une famille de classe moyenne modeste. Elle portait un corset. Sa famille, y compris ses enfants, encore petits, venait la voir tous les jours. Nous étions en Afrique du Sud ; à cause de l'histoire et de la politique dans notre pays, j'étais particulièrement concernée par sa souffrance. Une remorque l'avait renversée au travail et elle venait de subir une quatrième opération de la moelle épinière pour soigner la blessure. La famille s'était grandement endettée.

Les infirmières semblaient indifférentes à son cas, mais je n'arrivais pas à comprendre pourquoi. Quand je leur ai posé la question, elles m'ont expliqué qu'elles avaient entendu la famille se mettre d'accord sur le fait qu'il valait mieux qu'elle ignore les instructions du médecin et devienne volontairement paralytique car c'était seulement ainsi que l'assurance publique fonctionnerait.

J'étais horrifiée que dans un pays développé, dans un hôpital à la pointe de la médecine, une femme choisisse délibérément de devenir paralysée pour éviter d'être ruinée par les factures médicales.

A ce moment-là, j'ai décidé que j'allais aider les gens dans sa situation. Je ne pouvais rien faire à ce moment-là parce que mes deux mains étaient encore cassées, mais j'étais déterminée à agir. Un mois plus tard, je suis sortie de l'hôpital. Je ne marchais pas encore correctement et j'avais besoin de beaucoup de repos, mais j'ai réussi à me rétablir peu à peu. J'ai aussi continué les pratiques de mon lit d'hôpital.

Pendant ces pratiques, j'écoutais tranquillement mon corps et je faisais sans le savoir des asanas de yoga. Je me laissais même glisser contre le bord de mon lit et faisais la chandelle. J'ignorais que c'était du yoga, je savais simplement que ces pratiques m'aidaient.

J'ai essayé tous les masseurs thérapeutes, tous ceux que l'on appelle « guérisseurs » que je pouvais trouver, mais au moment où je commençais la litanie de mes blessures : « Mon pelvis est cassé en cinq endroits, mon sacrum fracturé, ma moelle épinière est... » Ils répondaient : « S'il vous plaît, rappelez dans un an. »

C'est alors que je me suis rendu compte à quel point il est difficile de trouver quelqu'un qui soit prêt à aider ceux qui en ont le plus besoin. Offrir un massage à quelqu'un qui subit une chimio, plutôt qu'à une femme au foyer qui a un torticolis, requiert un courage rarissime.

Après avoir téléphoné à soixante-quatre thérapeutes différents, j'ai finalement trouvé quelqu'un qui a accepté de venir me faire des massages tous les trois jours. Il m'a même prêté une table qui s'inversait.

J'ai commencé toute une pratique de postures inversées, en les synchronisant avec la respiration et les mouvements que je pratiquais avant. En l'espace de six mois, j'ai recommencé à marcher, à conduire et j'ai même pu à nouveau prendre l'avion. Malgré cela, si je manquais de vigilance même un bref instant, la douleur revenait.

Quand je me suis enfin sentie assez bien, j'ai décidé d'aller chez le coiffeur (j'avais repoussé cette démarche car il m'était douloureux de rester assise trop longtemps). Il m'a donné une carte sur laquelle était inscrit : « YOGA ». J'ai pensé : « Est-ce que c'est difficile, ça ? » J'ai souri avec défiance, en imaginant tous les hippies en train de danser. Mais je me suis dit que cela ne pouvait pas me faire de mal.

Le professeur s'est mis à rire quand je lui ai listé toutes mes blessures. « Non, vous ne pouvez pas venir à mon cours, mais il y a un professeur qui fait du yoga thérapeutique dans un ashram près d'ici. »

Le cours de yoga thérapeutique est devenu ma nouvelle maison. Quand j'ai expliqué au professeur mes techniques de respiration, il s'est exclamé avec enthousiasme : « Oh, mais C'EST du yoga ! Vous avez fait du yoga pendant tout ce temps ! » Je suis allée à ses cours trois fois par semaine pendant deux ans, et cela m'a donné la force d'accepter ma transformation.

Une fois guérie, j'ai décidé de vendre tout ce que je possédais et d'utiliser l'argent pour créer une organisation de charité. Ce serait un programme de thérapie par le yoga et l'ayurveda pour les personnes souffrant de blessures et de handicaps graves. Je l'ai appelé « Courage ».

Je voulais que ce soit un lieu ouvert à tous, même à ceux qui ne pourraient faire qu'un don modeste ou aucun, l'argent ne devait faire aucune différence. A « Courage », le manque de moyens financiers n'entraverait pas la guérison.

Puis une dévote d'Amma est arrivée en Afrique du Sud et a donné un satsang (causerie spirituelle) là où j'habite. Nous avons regardé une vidéo « d'Embracing the World ». Pour être honnête, je ne me souviens pas de la partie qui concernait le darshan. J'étais complètement fascinée par le grand nombre d'actions caritatives menées par Amma. Après avoir regardé cette vidéo, je me suis dit « OK, c'est bon ! Si Amma peut diriger toutes ces actions caritatives, alors je peux aussi avoir ma petite organisation ! » J'étais complètement inspirée.

Juste au moment où je mettais en place Courage, mon fils passait son bac. Comme cadeau de réussite, je lui ai offert de l'emmener en Inde. Je voulais rencontrer Amma et voir ce que je pouvais apprendre quant à la manière de gérer mon organisation.

Nous sommes arrivés à Amritapuri…et Amma était là. Je ne savais pas vraiment comment assimiler tout cela.

Je n'attendais rien du darshan d'Amma la première fois que je suis allée la voir. J'étais juste là pour apprendre comment aider les gens. Mais quand j'ai vu Amma donner le darshan, une vague de chagrin et de douleur immense m'a envahie ; je pouvais sentir la douleur de ces milliers de personnes. J'ai fondu en larmes, et je ne pouvais plus m'arrêter de pleurer.

Nous avons acheté des guirlandes et avons rejoint la file du darshan. A mesure que nous nous rapprochions d'Amma, la douleur que j'avais ressentie a commencé à se transformer en lumière, en béatitude. C'était paradisiaque.

Quand je me suis finalement retrouvée en face d'Amma, je n'ai pas pu dire un mot. Au lieu de cela, je lui ai demandé intérieurement « Aide-moi à servir ceux qui souffrent ». Alors que mon fils et moi descendions de la scène, un brahmachari qui se trouvait là m'a demandé : « Es-tu la professeure de yoga thérapeutique ? » Je n'avais pas dit un mot de mon travail à qui que ce soit. « S'il te plaît, viens avec moi, il y a quelqu'un qui souffre de la maladie de Parkinson et qui a besoin de toi ».

Quelques jours plus tard, il m'a semblé que je devais aller en pèlerinage visiter les quartiers généraux de mon centre de Yoga, et nous voilà partis. Nous sommes arrivés et nous nous sommes installés. La première nuit, j'ai fait un rêve puissant. J'ai entendu le rire tonitruant du swami qui avait fondé mon école de yoga (il était décédé de nombreuses années auparavant). Puis j'ai aussi entendu le rire d'Amma. J'ai vu leurs deux visages me regarder ensemble, côte à côte. Le Swami a dit : « Non mais, qu'est-ce que tu fais ! Pourquoi me cherches-tu dans une statue alors que je suis vivant sous la forme d'Amma ! »

Je n'ai même pas attendu le lever du soleil. J'ai attrapé mon fils, et nous nous sommes précipités à Amritapuri. J'ai alors pris conscience que la lumière divine n'est pas exclusivement réservée à une forme ou à une situation précise. Le Divin est partout.

Dans mon centre de soins, nous acceptons des gens de religions et de cultures variées et issus de toutes les couches de la société. Nos patients viennent avec différents types de blessures et de maladies, et nous nous aidons mutuellement à guérir. Malgré toutes les différences, nous formons une famille. C'est un bouillon de culture, comme l'ashram d'Amma. Alors, même si nous avons de belles photos d'Amma un peu partout, des familles de toutes les confessions religieuses laissent leurs enfants s'asseoir et chanter AUM ensemble.

Récemment, quand je suis venue à l'ashram, j'ai apporté une grande photo, bien encadrée, pour l'offrir à Amma. Sur cette photo, mes patients tiennent une photo d'Amma à côté d'une photo de Nelson Mandela. Amma a adoré. Je pense que cette photo représente bien les temps où nous vivons. Il y a énormément de souffrance, mais en même temps nous recevons une grâce infinie.

L'amour et le service sont véritablement les formes les plus élevées de sadhana. Ce sont les actions les plus

belles que nous puissions accomplir. Amma soigne la douleur du monde, chaque jour. Elle nous incite à utiliser nos capacités dans le service plutôt que de ruminer notre douleur et notre souffrance. Aider quelqu'un est la meilleure manière de s'aider soi-même. Amma essaie d'inspirer chacun de nous à apporter sa contribution, si modeste soit-elle.

Chapitre 17

La boîte à vasanas

*Tout ce que je suis, ou que j'espère être,
je le dois à ma mère, cet ange.*

– *Abraham Lincoln*

Un été, je ne me sentais vraiment pas bien et mes mauvaises tendances semblaient prendre le dessus, irrésistibles. D'ordinaire, quand elles remontent, je m'éloigne d'Amma ; plus elles se manifestent, plus je me tiens à distance. Je sais que la négativité constitue un éloignement de Dieu, mais quand je suis dans cet éloignement, je me sens répugnant et dégoûtant. Je me fais la réflexion suivante : « Comment est-ce que je peux m'approcher d'un être si rayonnant et si beau ? » Non pas que je puisse entacher cette pureté, mais c'est vraiment trop embarrassant.

Après un grand débat intérieur, je me suis finalement décidé à poser une question à Amma, dans l'espoir qu'elle me transformerait. J'ai écrit ma question sur un petit carré de papier : « *Quand je suis envahi par la négativité, est-ce que je dois trouver quelqu'un à qui me confier pour me décharger de ce fardeau ? Je n'ose pas venir voir Amma parce que tout le monde va tout entendre.* »

Elle m'a tiré l'oreille et m'a souri avec douceur. « Tout le monde a ce problème. Ne t'inquiète pas. Libère-toi de ton fardeau auprès d'Amma. » Elle a cité un bhajan qui dit qu'il faut se mettre à nu devant le guru, comme un oignon que l'on pèle : « Laisse-moi t'offrir ma honte, ma jalousie… »

Inspiré par les paroles d'Amma, j'ai voulu m'offrir entièrement à elle : mes bons et mes mauvais côtés. Je savais que je devais reconnaître ma faiblesse et mon impuissance. Je voulais lui dire : « Je n'y arrive pas tout seul. J'ai besoin de ta grâce. »

J'ai trouvé une jolie petite boîte…

J'ai décidé de déposer toutes mes vasanas (tendances négatives) dans cette boîte. J'ai trouvé des bouts de papier coloré, sur lesquels j'ai écrit toutes mes vasanas : peur, paresse, colère, dépression et avidité. J'aurais pu continuer, mais j'ai pensé qu'il valait mieux faire simple. Je ne voulais pas trop entrer dans les détails !

J'ai pris un sac plastique transparent, vide ; j'y ai déposé les vasanas et j'ai écrit « Déchets » dessus. J'ai aussi mis une petite boîte à bijoux dans la boîte. Sur le couvercle, j'ai écrit « Richesses » pour symboliser mes qualités. Mais rien ne me venait à l'esprit, alors je l'ai laissée vide.

J'ai tout écrit en Malayalam pour qu'Amma puisse le lire directement. De cette manière, je pensais obtenir l'intimité que je souhaitais. Je n'aurais pas besoin d'un traducteur et personne ne verrait rien, à part Amma.

Ma prière était simple, et je la répétais sans fin alors que je me préparais pour le darshan : « S'il te plaît Amma, élimine les déchets. »

J'ai présenté la boîte à Amma et lui ai dit en Malayalam (tant bien que mal), « Amma, c'est une boîte à vasanas ! » Une par une, elle a lu chaque vasana à haute voix puis les a replacées avec minutie dans la boîte. Puis, elle les a toutes ressorties pour les relire de nouveau (à haute voix). « Tu en as oublié », a-t-elle dit après réflexion. « Jalousie, rivalité et luxure ! »

Quand elle a trouvé la boîte à richesses, elle l'a ouverte et s'est exclamée « Oh, mon pauvre ! » puis elle a ri. Elle m'a rendu la boîte. « Bon, au moins c'est béni », me suis-je dit en soupirant. J'avais espéré qu'elle les garderait.

Ce soir-là, nous prenions l'avion pour rentrer en Inde. Amma s'est assise avec nous pour attendre dans la salle d'embarquement. Soudain, elle s'est tournée et m'a regardé droit dans les yeux. Elle m'a offert un beau sourire, le plus radieux que j'aie jamais vu. Elle semblait très contente de moi, très heureuse, et elle s'est mise à parler de la boîte à vasanas.

« Ce garçon m'a donné une boîte à vasanas ! » a-t-elle annoncé bien fort. Elle a listé chacune des vasanas que j'avais écrites pour elle. Elle a ri en disant : « Il y avait aussi une boîte à richesses, mais elle était vide ».

J'étais sidéré. Comme en transe, je me suis levé et j'ai enjambé (ou peut-être écrabouillé) six ou sept personnes pour me rapprocher d'Amma. Je me suis installé juste à ses pieds (à moitié assis sur les genoux de quelqu'un.) « Est-ce que tu l'as ? » a demandé Amma. « Je veux la voir ! »

Je lui ai expliqué que je l'avais mise dans ma valise en soute, mais que je la lui donnerais dès notre arrivée à Amritapuri.

J'ai ajouté les vasanas qu'Amma avait mentionnées, et j'ai apporté la boîte dans sa chambre. Quand je l'ai donnée à son intendante, je ne m'attendais pas à ce qu'Amma la regarde à nouveau (Amma reçoit chaque jour de nombreux cadeaux) mais je me suis senti fortement soulagé, comme si j'avais offert mes vasanas au Divin. « Ok, c'est fini », me suis-je dit.

Mais ce n'était pas fini. Ce soir-là, quand Amma est venue aux bhajans, j'ai vu qu'elle tenait quelque chose d'inhabituel, mais je n'arrivais pas à deviner quoi. Je me suis efforcé de voir ce qu'elle avait dans les mains. « Non, ce n'est pas possible » ai-je pensé, « ça ne peut pas… » Mais elle était là, tenant ma boîte à vasanas en face de l'ashram tout entier : des milliers de personnes !

Amma a appelé dans le micro : « A qui appartient cette boîte ? » J'aurais voulu me cacher sous une table, mais j'ai timidement levé la main.

Elle a expliqué à tout l'ashram : « C'est une boîte à vasanas. Ce garçon m'a donné une boîte à vasanas ! » Tous les yeux se sont tournés vers moi pendant qu'elle lisait dans le micro chacune des vasanas.

Après les bhajans, j'ai couru attendre Amma devant sa chambre, juste au cas où elle aurait voulu me parler. Elle s'est arrêtée et m'a regardé. Puis elle a dit à tous les gens qui l'entouraient, très enthousiaste :

« C'est le garçon qui m'a donné la boîte à vasanas ! Il m'a donné une boîte pleine de vasanas ! »

Le lendemain durant le darshan, j'ai dû aller sur la scène pour poser une question à Amma concernant mon seva. Amma m'a repéré et m'a appelé. Elle était aussi enthousiaste que la veille : « Oh ! C'est le garçon qui m'a donné la boîte à vasanas ! » Elle a raconté à tous ceux qui étaient autour d'elle l'histoire de la boîte à vasanas et a listé précisément toutes les vasanas que j'avais mises à l'intérieur.

J'ai eu au moins six échanges avec Amma concernant cette boîte et chaque conversation m'a rapproché d'elle. On en a fait mention dans le cours sur les Ecritures qui se donne à l'ashram, elle a figuré dans un article illustré de sa photo sur le site internet d'Amma, sur la page Facebook d'Amma et dans un article du Matruvani. L'ironie, bien sûr, c'est que tout cela était parti du fait que j'étais trop timide pour parler à Amma : je ne voulais pas qu'on connaisse mes faiblesses !

Je ne peux pas vraiment décrire mes sentiments quand j'ai vu Amma tenir cette boîte…c'était merveilleux, tellement intime. J'ai eu le sentiment que c'était le sujet de l'enseignement du jour : comme si elle m'avait emmené à l'école avec elle et me montrait fièrement à tous les enfants de sa classe.

Le meilleur de tout, c'est à quel point elle a rendu tout cela amusant. Bien trop souvent, j'ai l'impression d'être une énorme calamité : une grande, énorme, horrible tragédie. A sa manière gracieuse et pragmatique, elle m'a enlevé toutes mes peurs, toutes mes tendances négatives, et en a fait une grande, une immense blague. Grâce à son humour chaleureux, elle a dissipé ma honte.

Affronter nos vasanas peut s'avérer extrêmement difficile. Parfois, même si nous luttons de toutes nos forces, nous n'avons pas l'impression de changer. Mais lorsque nous apprenons à dépasser la honte et abandonnons notre négativité aux pieds du guru, nos vasanas subtiles s'estompent. Cela requiert une quantité considérable d'efforts personnels et de persévérance.

Nous avons tous des défauts et de mauvaises habitudes, mais cela ne devrait pas nous paralyser. Amma dit : « Il est impossible de devenir l'ami du mental. Il sera toujours votre ennemi. Il essaiera toujours de vous tirer vers le bas. Essayez de contrôler vos pensées, quitte à faire semblant. »

Nous gaspillons énormément de temps à imaginer des choses négatives. Utilisons plutôt notre imagination de façon positive, en imaginant qu'il va se produire quelque de chose de bien (mais attention à ne pas cultiver trop d'attentes !). Une seule pensée positive a le pouvoir de nous tirer hors des sphères négatives dans lesquelles nous sombrons souvent.

Il y a quelques années, nous voyagions dans le nord de l'Inde et un jeune homme qui venait de rencontrer Amma participait à notre pèlerinage. Un des moments les plus beaux des tours de l'Inde est celui où Amma sert le dîner. Ceux qui ont encore faim après le premier service peuvent se resservir. La formule de base est de prendre par exemple deux chapattis (ou ce qui est servi) et de faire passer le reste aux autres.

Mais lorsque le second service, composé d'une énorme pile de chapattis, est arrivé au jeune homme, il a pensé que tout était pour lui ! Alors il a tout mangé, environ quarante chapattis ! Il a mangé jusqu'à ne plus pouvoir bouger.

Amma l'a regardé manger avec attention et, quand il a eu fini, elle l'a appelé. Elle lui a dit que les Ecritures védiques parlent d'un démon appelé « Bagan ».

Ce démon était si vorace qu'il dévorait des villages entiers : les vaches, les chiens, et même les humains. Amma a ajouté qu'elle n'avait jamais cru à la véracité de telles histoires jusqu'à ce qu'elle le rencontre. A présent, elle savait que c'était possible ! Tout le monde riait, surtout lui.

Il m'a raconté ensuite que cette expérience l'avait plongé dans la béatitude. Il avait l'impression d'être un petit chiot, baignant dans les douces taquineries d'Amma. A ce moment-là, il s'est senti complètement aimé, vu et accepté par elle et la communauté qui l'entourait.

Chacun éprouve des désirs ; il n'y a pas à avoir honte. Mais lorsque nous décidons qu'il est temps de poursuivre un but plus noble, alors nos désirs incessants relâchent tout doucement leur emprise. Quand nous décidons de faire des efforts conscients pour suivre une direction positive, un flot de grâce se déverse sur nous.

Si nous faisons un effort, même le plus petit, pour contrôler la négativité qui nous emprisonne et essayons d'accomplir l'action juste, la grâce ne manque pas de nous soulever et de nous porter tout le reste du chemin.

Chapitre 18

Trouver la paix

« Danse, lorsque tu as une plaie béante. Danse, si tu as arraché tes bandages. Danse au milieu de la lutte. Danse dans ton sang. Danse lorsque tu es parfaitement libre. »

– *Rumi*

Avant de rencontrer Amma, je vivais pour l'adrénaline. J'avais toujours soif de la sensation ultime… lorsqu'on se sent plus vivant que jamais, quand le cœur bat aussi fort que possible…quand le sang circule aussi vite que possible : *cette sensation d'être complètement vivant.*

Rien ni personne d'autre ne m'importait. Ma vie était complétement orientée vers cette course, cette tension : une vie sur le fil du rasoir. Je n'ai pas pu dormir pendant trois jours après avoir sauté en parachute, car je bouillonnais. Quand je surfais sur des vagues hautes de douze mètres, j'avais l'impression d'être Dieu, marchant sur l'eau. Quand je faisais de l'escalade, je me rendais compte à quel point j'exultais.

Je faisais du surf, des sauts en parachute et de l'escalade après avoir consommé de la drogue. Ce n'est pas une blague. Certains jours, je ne savais même pas si j'étais sobre ou pas quand je partais m'adonner à ces sports extrêmes.

Je travaillais deux nuits par semaine, le vendredi et le samedi, dans le bar du coin. J'étais un expert et faisais rentrer beaucoup d'argent. Je faisais des acrobaties, je jouais avec le feu. Je versais de l'alcool sur le comptoir et mettais littéralement le bar en feu. C'était mon boulot alimentaire, le reste du temps, je recherchais des sensations extrêmes.

Je me réveillais à midi, buvais un café, fumais un joint, prenais mon téléphone et appelais mon meilleur ami. « Salut mon gars, quoi de prévu aujourd'hui…? »

Je n'étais pas une bonne personne, et la spiritualité était la dernière de mes préoccupations. Je vivais dans le côté sombre de la vie, et je n'avais aucune intention de grandir.

Puis j'ai rencontré ma femme.

Trouver la paix

Lorsque nous avons commencé à sortir ensemble, je suis allé dans la maison de ses parents. La première chose que j'ai remarquée, c'était une photo accrochée au mur, une photo qui montrait des pieds nus, les pieds d'une femme indienne.

Sa famille vivait dans un salon non meublé. A la place, il y avait plein de coussins par terre. J'ai pensé : « Oh non, pourquoi est-ce que je me suis mis avec cette fille ? » Mais en même temps, j'étais complètement fasciné par ces pieds. J'ai demandé à ma copine à qui appartenaient ces pieds, qui était cette femme et (le plus important) pourquoi ils n'avaient pas de meubles !

Au début, elle a hésité à me parler d'Amma mais finalement, elle s'est jetée à l'eau. Elle m'a invité au satsang organisé chez elle et j'y suis allé ce même week-end. Quand je suis entré, la salle était pleine à craquer. Tout le monde était entassé et assis sur les cousins éparpillés sur le sol.

Son beau-père jouait des percussions (en fait, des tablas) et sa mère jouait sur un clavier (c'était un harmonium, mais je l'ignorais à l'époque). Ils chantaient des chants indiens, mais je ne pouvais pas me joindre à eux car je n'arrivais pas à lire les mots. Quand j'y repense, je me rends compte à quel point c'était il y a longtemps, et combien tout est différent pour moi à présent.

Ils ont fait l'arati ce soir-là, décrivant des cercles devant la photo d'Amma avec du camphre enflammé. Quand l'alarme incendie s'est déclenchée, j'ai trouvé cela amusant.

Plus tard cette semaine-là, j'ai demandé à ma copine si je pouvais rencontrer Amma.

Nous avons trouvé des billets d'avion bon marché et sommes allés au programme d'Amma de Toronto, plusieurs semaines plus tard. Il y avait énormément de monde, des gens partout. Tout le monde attendait de recevoir une étreinte d'Amma. Je me disais « Waouh, cette femme ne pourra certainement pas embrasser tout le monde aujourd'hui ». C'était le Dévi Bhava, et bien entendu, elle y est arrivée.

Quelqu'un m'a demandé si je voulais faire du seva. Je ne connaissais même pas ce mot, mais je me suis dit : « Ok, je vais aider. Pourquoi pas ? » On m'a demandé de faire passer l'eau sacrée qu'Amma venait de bénir. En tant que barman, j'ai pensé : « Je peux transporter un plateau d'eau. Pas de problème. » Je n'avais pas compris que le plateau était recouvert de douzaines de petits pots, chacun rempli à ras bord d'eau sacrée, et qu'ils n'avaient pas de couvercles.

Le responsable m'a demandé d'apporter le plateau aux personnes assises dehors. Je suis sorti, et je suis resté bouche bée. Il y avait des milliers et des milliers de personnes qui attendaient dehors, sur le parking. Ils regardaient tous Amma en direct sur des écrans géants.

Je me suis trouvé pris dans une mêlée. Dès que les gens se sont rendu compte que je transportais un plateau d'eau sacrée, des centaines de personnes se sont précipitées sur moi. Je suis revenu distribuer de l'eau sacrée pendant une heure, jusqu'à ce que chacun ait été servi.

En attendant le darshan d'Amma, j'ai exploré la salle. Finalement (au bout de neuf heures !) mon numéro de ticket a été appelé. Je suis monté sur l'estrade et me suis agenouillé face à Amma. Elle a souri et m'a attiré vers elle. Je ne comprenais pas ce qu'elle disait, mais elle m'a dit quelque chose à l'oreille ; elle m'a donné deux chocolats et un pétale de rose. En me relevant, j'ai demandé au traducteur ce qu'Amma avait dit. Il a répondu : « Amma a dit que tu avais besoin d'un mantra ».

Un mantra ? J'ignorais ce que c'était, mais je lui ai aussitôt fait confiance. Elle m'a dit de m'asseoir à côté d'elle. J'y suis resté pendant deux heures.

Quand elle m'a murmuré le mantra à l'oreille, c'est alors que mon âme a réellement commencé à se transformer.

Le processus a été lent, et il a fallu des années, mais chaque fois que je vois Amma, quelque chose en moi évolue : ma morale, mes valeurs, tout a changé. Je suis devenu quelqu'un qui a un but, qui veut vivre pour quelque chose, pour aider les autres, pour créer une différence dans le monde. (Parfois, je fais même la vaisselle.)

Avant de rencontrer Amma, ma première pensée au réveil, c'était : « Il faut que je fasse du parachute ! » Je n'avais pas de responsabilités et je ne me souciais de personne.

Aujourd'hui, quand je me réveille, ma première pensée est « Amma »…Je cherche encore la sensation forte, mais à présent c'est Amma qui me la donne. Mon enthousiasme jaillit de voir Amma donner le darshan, de la méditation, du seva. Je n'ai pas besoin d'autre sensation. Ma vie est enfin complète. Je suis maintenant plus vivant que jamais.

Dix ans plus tard : je suis marié, nous avons un fils et je dirige mon propre commerce. Je n'aurais jamais imaginé mener ce genre de vie. Rien de tout cela n'aurait été possible sans elle.

Amma m'a transformé.

Tous les dimanches, depuis ce tout premier darshan, je fais du bénévolat dans un refuge de sans-abris. C'est ma façon d'aller à l'église, ma manière d'exprimer ma gratitude envers Amma et de lui rendre un petit quelque chose. Nous faisons des sandwiches, des soupes et des desserts. J'emmène toujours mon fils avec moi – il fait du seva depuis qu'il est bébé. Je lui enseigne les bonnes valeurs : aimer et prendre soin des autres, servir.

Parfois mon ami d'autrefois vient aussi…Celui que j'ai appelé tous les matins pendant vingt ans. Il fait la queue avec les autres sans-abris, tremblant de froid, en attendant son repas chaud. Je souris toujours tristement quand je le vois. « Salut frérot… » je dis, « Voilà ton sandwich ». C'est la seule façon de l'aider. Il a tout perdu pour l'amour de la sensation : sa femme, sa famille, sa maison.

Et moi ? J'ai trouvé la sensation ultime, et elle m'a sauvé.

Le simple toucher d'Amma a le pouvoir de nous lancer dans un grand voyage de guérison. En vertu de sa compassion et de la foi sincère des gens, Amma peut agir à la manière d'un catalyseur et faire éclore des histoires remarquables de transformation.

Amma nous rapproche d'elle par d'innombrables moyens. Elle adoucit les cœurs et nous rappelle comment être véritablement humains. Par sa grâce, sa sagesse et sa patience infinie, elle nous aide à nous souvenir, lentement, de son enseignement : nous sommes tous les incarnations de l'amour pur et de la Conscience suprême.

Il y a une histoire qu'Amma raconte souvent à propos de deux disciples : les deux hommes vont au village acheter des fruits et des légumes pour leur guru. A leur retour, ils portent tous les deux des traces de coups. Inquiet, le guru demande : « Que se passe-t-il ? » L'un des deux hommes montre l'autre du doigt et répond : « Il m'a traité de singe ! »

Le guru soupire : « Je te répète depuis plus de vingt ans que tu es l'incarnation de la Conscience suprême, mais malgré tous mes efforts, tu ne m'as jamais cru. Mais il suffit qu'il te traite une seule fois de singe et vois ce qui se passe ! » Bien trop souvent, nous nous comportons comme les deux hommes de cette histoire.

La création entière demeure en nous, mais au lieu de rayonner de cette lumière divine, nous nous cachons dans notre ombre.

Amma nous transporte hors de l'ombre, et nous guide des ténèbres vers la lumière. Elle allume l'étincelle d'amour dans notre cœur. Amma nous apporte l'espoir lorsque nous sommes bloqués dans notre désespoir et nous apporte la lumière quand les ténèbres engloutissent notre vision. Elle soigne les maladies incurables et répare ce qui est cassé. Avec la grâce d'Amma, l'impossible devient possible, et la vie ordinaire se transforme en amour.

Bien trop souvent, nous cherchons le bonheur à l'extérieur de nous, oubliant que la source de tout contentement réside à l'intérieur. Nous ne pouvons trouver la lumière divine qu'à l'intérieur, et non dans les vives et brillantes lumières du monde. Lorsque l'énergie positive circule en nous, nous trouvons la force de faire face à n'importe quelle situation.

Il y a quelques années, quelqu'un m'a raconté une histoire sur Rishi, le petit chiot d'Amma. Un jour, il s'est rendu à l'étable, en quête d'un compagnon de jeux. Les vaches….eh bien, elles n'étaient pas vraiment d'humeur à jouer. Cela arrivait souvent à Rishi ; personne ne voulait jouer avec lui.

Rishi gambadait autour d'elles et s'amusait dans l'étable, il dérangeait vraiment les vaches ; certaines d'entre elles le regardaient avec précaution, alors que d'autres le dévisageaient, prêtes à foncer sur lui. Rishi, dans son innocence enthousiaste, pensait qu'il s'agissait d'un jeu ! Sa réponse (si un chien parlait notre langage) était quelque chose comme : « Mon Dieu ! Qu'est-ce qu'on s'amuse ! Mes tantes et mes sœurs veulent toutes jouer avec moi ! »

Il s'est rué vers elles, en aboyant, en essayant de s'approcher suffisamment pour toucher au moins leurs pieds. Les vaches n'en pouvaient plus. Elles l'ont chargé. Rishi ne comprenait pas leur intention. Il était dans une joie extatique, il avait découvert le jeu le plus amusant du monde.

Nous devrions tous nous efforcer d'être comme Rishi, et traverser la vie avec la même innocence. Nous avons le choix : être comme Rishi ou comme les vaches qui grognent. Ne vous inquiétez pas un instant de ce que les autres peuvent penser : faites ce qui vous semble juste. Malgré les circonstances extérieures, choisissez de servir le monde et considérez cela comme un jeu plaisant.

Même si votre entourage ne veut pas voir le monde comme un magnifique jeu divin, ce n'est pas un problème. Si vous vous accrochez à cette attitude d'émerveillement, vous vivrez pleinement et joyeusement l'instant présent. C'est tout ce que nous avons à faire : garder la lumière autour de nous, où que nous allions. Brillez, rayonnez et soyez heureux.

www.ingramcontent.com/pod-product-compliance
Lightning Source LLC
Chambersburg PA
CBHW060154050426
42446CB00013B/2815